REDAÇÃO FORENSE

OAB 2ª FASE | VOLUME 1

COORDENADOR
FRANCISCO FONTENELE

WALLACE MAGRI

VOLUME 1

REDAÇÃO FORENSE

- *Modelos e técnicas de* **linguística** *e* **semiótica** *para aprimoramento dos textos jurídicos*

- *Interpretação de textos e redação de peças jurídicas*

- *Revisão de questões elementares de língua portuguesa*

1ª edição – 2017

© *Copyright*
Francisco Fontenele
Wallace Magri

Diagramação
Maurício Amaral

Capa
Helder Brito

CIP – Brasil. Catalogação-na-fonte.
Sindicato Nacional dos Editores de Livros, RJ.

M178r

Magri, Wallace
  Redação forense / Wallace Magri; coordenação Francisco Fontenele. - 1. ed. - Rio de Janeiro: LMJ Mundo Jurídico, 2017.
  204 p.; 24 cm.   (Temas essencias: exame da OAB; vol. 1; 2. fase)

Inclui índice
ISBN: 978-85-9524-005-6

  1. Direito - Linguagem. 2. Redação forense. 3. Prática forense. I. Fontenele, Francisco. II. Título III. Série.

16-38344
              CDU: 340.113

O titular cuja obra seja fraudulentamente reproduzida, divulgada ou de qualquer forma utilizada poderá requerer a apreensão dos exemplares reproduzidos ou a suspensão da divulgação, sem prejuízo da indenização cabível (art. 102 da Lei nº 9.610, de 19.02.1998).

Quem vender, expuser à venda, ocultar, adquirir, distribuir, tiver em depósito ou utilizar obra ou fonograma reproduzidos com fraude, com a finalidade de vender, obter ganho, vantagem, proveito, lucro direto ou indireto, para si ou para outrem, será solidariamente responsável com o contrafator, nos termos dos artigos precedentes, respondendo como contrafatores o importador e o distribuidor em caso de reprodução no exterior (art. 104 da Lei nº 9.610/98).

As reclamações devem ser feitas até noventa dias a partir da compra e venda com nota fiscal (interpretação do art. 26 da Lei nº 8.078, de 11.09.1990).

Reservados os direitos de propriedade desta edição pela
GZ EDITORA
e-mail: contato@editora gz.com.br
www.editoragz.com.br
Travessa do Paço nº 23, sala 1.208 – Centro
CEP: 20010-170 – Rio de Janeiro – RJ
Tel.: (0XX21) 2240-1406 – Fax: (0XX21) 2240-1511

Impresso no Brasil
Printed in Brazil

SUMÁRIO

APRESENTAÇÃO DO COORDENADOR 11

NOTA DO AUTOR 13

INTRODUÇÃO 15

PARTE I
PRESSUPOSTOS TEÓRICOS – INTRODUÇÃO À LINGUÍSTICA 17

1. LINGUÍSTICA GERAL E JURÍDICA 17
   - 1.1. O SIGNO LINGUÍSTICO – A LÍNGUA COMO SISTEMA LINGUÍSTICO SOCIALIZADO 18
   - 1.2. LINGUAGEM 24
     - 1.2.1. VERBAL 24
     - 1.2.2. NÃO VERBAL 24
   - 1.3. LÍNGUA 25
   - 1.4. FALA 25
   - 1.5. VARIAÇÃO LINGUÍSTICA 26
   - 1.6. NÍVEIS DE LINGUAGEM 26
     - 1.6.1. LINGUAGEM COLOQUIAL 26
     - 1.6.2. NORMA PADRÃO OU LINGUAGEM CULTA 27
   - 1.7. O FUNCIONAMENTO DA LINGUAGEM NA COMUNICAÇÃO JURÍDICA 27
     - 1.7.1. LINGUAGEM JURÍDICA 27
       - 1.7.1.1. CARACTERÍSTICAS DA LINGUAGEM JURÍDICA .. 28
       - 1.7.1.2. VOCABULÁRIO JURÍDICO 28
       - 1.7.1.3. INTOLERÂNCIA JURÍDICA AO DESVIO NORMATIVO 29

1.8. SEMÂNTICA LEXICAL: SENTIDO E ESCOLHA DAS PALAVRAS NA LINGUAGEM JURÍDICA 30

    1.8.1. CONCEITO 30

    1.8.2. POLISSEMIA 30

        1.8.2.1. DENOTAÇÃO 31

        1.8.2.2. CONOTAÇÃO 31

        1.8.2.3. DENOTAÇÃO, CONOTAÇÃO E DISCURSO JURÍDICO 31

    1.8.3. PALAVRAS E SIGNIFICAÇÃO 32

        1.8.3.1. TERMOS UNÍVOCOS 32

        1.8.3.2. TERMOS EQUÍVOCOS 32

    1.8.4. RELAÇÕES DE SENTIDO ENTRE PALAVRAS 32

        1.8.4.1. HOMONÍMIA 33

        1.8.4.2. HOMÓFONOS 33

        1.8.4.3. HOMÓGRAFOS 33

        1.8.4.4. PARONÍMIA 34

        1.8.4.5. ARCAÍSMOS 34

        1.8.4.6. NEOLOGISMOS 34

        1.8.4.7. ESTRANGEIRISMOS 35

        1.8.4.8. LATINISMOS 35

1.9. VARIAÇÕES DA LINGUAGEM JURÍDICA 36

    1.9.1. TIPOS DE ENUNCIADOS JURÍDICOS 36

PARTE II

ANÁLISE E INTERPRETAÇÃO DO TEXTO JURÍDICO 39

1. INTRODUÇÃO 39

    1.1. CATEGORIAS DE PESSOA, ESPAÇO E TEMPO 42

2. ESTRUTURA SINTÁTICA E ESTRUTURA SEMÂNTICA 44

3. INTERDISCURSIVIDADE, INTERTEXTUALIDADE E SIGNIFICAÇÃO 45

4. INTERDISCURSIVIDADE 45
5. INTERTEXTUALIDADE 47
6. TÉCNICAS DE INTERPRETAÇÃO DE TEXTOS NARRATIVOS 48
   6.1. TÉCNICA 1 – FRAGMENTAÇÃO DO ENUNCIADO 49
      6.1.1. TÉCNICA 1 – FRAGMENTAÇÃO DO ENUNCIADO DE EXAME DE ORDEM 50
   6.2. TÉCNICA 2 – RESPONDENDO ÀS 7 PERGUNTAS DA NARRATIVA ... 60
      6.2.1. TÉCNICA 2 – RESPONDENDO ÀS 7 PERGUNTAS E ENUNCIADO DE EXAME DE ORDEM 62

PARTE III

REDAÇÃO FORENSE – CONCEITOS E TÉCNICAS 73

1. PLANO BÁSICO DE COMUNICAÇÃO 73
2. REMENTENTE 74
3. DESTINATÁRIO 75
4. CANAL 79
5. CÓDIGO 80
6. REFERENTE E MENSAGEM 90
7. ORGANIZANDO A REDAÇÃO DA PEÇA JURÍDICA 91
   7.1. A FORMULAÇÃO DE ENUNCIADOS JURÍDICOS 91
   7.2. NOÇÕES ELEMENTARES DE PRAGMÁTICA 93
      7.2.1. MECANISMOS DE COESÃO TEXTUAL 98
      7.2.2. MECANISMOS DE COESÃO TEXTUAL E DISCURSO JURÍDICO 102
      7.2.3. COERÊNCIA TEXTUAL E MÁXIMAS CONVERSACIONAIS .. 105
   7.3. PARAGRAFAÇÃO EM TEXTOS JURÍDICOS 108
      7.3.1. ESTILÍSTICA 108
      7.3.2. TIPOLOGIA TEXTUAL 112
         7.3.2.1. PEÇAS JURÍDICAS 112

	7.3.2.1.1.	DESCRIÇÃO E PEÇAS JURÍDICAS 113
	7.3.2.1.2.	NARRAÇÃO E PEÇAS JURÍDICAS 116
	7.3.2.1.3.	DISSERTAÇÃO E PEÇAS JURÍDICAS... 120
7.3.2.2.	COERÊNCIA ARGUMENTATIVA E TEXTOS JURÍDICOS 126	
7.3.2.3.	INTERPRETANDO UMA DECISÃO JUDICIAL 142	
7.3.2.4.	REDAÇÃO DAS QUESTÕES PRÁTICAS 163	
7.3.2.5.	GÊNEROS TEXTUAIS: PROPRIEDADES 167	
	7.3.2.5.1.	EXAME DA ORDEM: GÊNEROS JURÍDICOS 168

ANEXO

REVISÃO DE ANÁLISE SINTÁTICA DA ORAÇÃO E DO PERÍODO COMPOSTO 175

À minha mãe, Marilda, certamente uma das leitoras mais dedicadas e assíduas de minhas obras e ao meu pai, José Ricardo, que fala pouco, mas presta sempre muita atenção.

APRESENTAÇÃO DO COORDENADOR

Eis que surge no mercado uma proposta genuína para direcioná-lo(a) na prova do Exame da OAB.

A G|Z Editora e o Brasil Jurídico - Ensino de Alta Performance consolidam uma extraordinária parceria para a publicação desta coleção, notadamente, voltada para o Exame da OAB e com obras individuais que contemplam: doutrina, jurisprudência e legislação de cada uma das disciplinas que compõem esse Exame, além de questões aplicadas pela FGV.

O projeto Coleção TEMAS ESSENCIAIS - EXAME DA OAB traz um novo formato de leitura, que conduzirá de maneira objetiva e assertiva os seus estudos. A obra reúne um brilhante grupo de professores, consagrados e com vasta experiência, que juntos constroem um conceito inovador de estudo de Alta Performance. Traduz em eficácia e precisão, sobretudo, compreendendo a necessidade de um conteúdo de altíssima qualidade, atrelado a objetividade para obter êxito na resolução das questões da prova.

A Coleção tem como base os Temas Essenciais extraídos pelo Análise 360º, que faz análise criteriosa da Banca FGV e de todas as provas anteriores aplicadas por esta banca examinadora, apontando o que é realmente essencial para o seu estudo.

Assim, a G|Z Editora e o Brasil Jurídico - Ensino de Alta Performance colocam a sua disposição uma coleção totalmente voltada para o seu objetivo, proporcionando o melhor conteúdo e demonstrando excelentes resultados com a prática.

Bons Estudos! Estamos trabalhando em prol do seu sucesso.

Francisco Fontenele
Diretor Executivo do Brasil Jurídico
Especialista em concursos públicos e Exame de Ordem.

NOTA DO AUTOR

Escrever um livro sobre Redação Forense, certamente, foi um grande desafio. Embora seja tema sob meus domínios, é sempre tarefa árdua calcular a fórmula textual para acertar na mira do interesse do leitor e conscientizá-lo da importância da incorporação de temas de linguagem a fim de aprimorar a construção de enunciados sempre melhores.

Especialmente na área jurídica, na qual, por mera repetição, tem-se a impressão falsa de que a redação de textos baseia-se em decorar modelos exemplares de peças jurídicas, que aparentam ter poucas variações.

No entanto, quem se descuida de ajustes preliminares em tal atividade, acaba se tornando mero repetidor de textos, sem capacidade criativa efetiva, o que pode levar a severos prejuízos e desviar o profissional de seus objetivos, maculando uma possível carreira de sucesso e, para o que nos importa mais de perto aqui, dificultar a aprovação em Exame de Ordem.

Assim, foi justamente visando a otimizar a produção de peças forenses por parte de profissionais da área jurídica e sobretudo candidatos a aprovação em Exame de Ordem que selecionamos teorias fundamentais que estudam a linguagem, interpretação e redação de textos, a fim de conferir ao enunciador de tais discursos autonomia para desenvolver seu pensamento na área jurídica.

Que se atentem a tais necessidades e otimizem seus potenciais ao longo dessas breves linhas. Eis o nosso propósito.

INTRODUÇÃO

Para que o estudante interessado na aprovação no Exame da Ordem dos Advogados logre êxito e, em seguida, torne-se um advogado capaz de deduzir as pretensões de seus clientes perante o Poder Judiciário, é necessário que conheça algumas questões básicas relacionadas à linguística.

Com esses conhecimentos, será possível escrever textos com maior qualidade, aumentando a probabilidade de aprovação na segunda fase, momento no qual se aferirá a competência de escrita por meio de questões discursivas e peça prático-profissional.

Veja que o conhecimento jurídico é pressuposto necessário e evidente para todos os candidatos. Ou seja, é evidente que, se o candidato recolhe condições para prestar o Exame de Ordem é porque sabe o Direito. Agora, o que pode fazer a diferença é justamente a capacidade de compreender a linguagem como um fenômeno científico, que respeita a certas regras para sua utilização e que também oferece ao intérprete e produtor de texto técnicas que, quando utilizadas adequadamente, tornam-no mais habilitado para superar certos desafios.

Sob uma perspectiva da linguagem, o Exame de Ordem é composto de provas de compreensão de texto e de redação. Sendo assim, o candidato deve se preparar adequadamente também sob este ponto de vista. E, nada melhor do que a aquisição de noções gerais de linguística para compreender melhor o fenômeno da linguagem.

Parte I
PRESSUPOSTOS TEÓRICOS – INTRODUÇÃO À LINGUÍSTICA

1. LINGUÍSTICA GERAL E JURÍDICA

Chamamos de linguística a ciência que tem por objeto a linguagem verbal humana em seus mais variados aspectos (semânticos, fonéticos, fonológicos, morfossintáticos, sociais...). Trata-se do estudo científico da linguagem e das línguas.

O autor que fundou a linguística contemporânea foi Fernand de Saussure, que define o objeto de estudos da linguística com as línguas naturais, que entende como o produto social da faculdade da linguagem e o conjunto de regras e convenções sociais adotadas pelo corpo social a fim de permitir o uso desta faculdade pelos indivíduos.

A partir dos estudos de Saussure, a linguística passou a se subdividir em diversos campos a depender da especificidade do tratamento de seu objeto. Temos a sociolinguística, a psicolinguística, a linguística aplicada etc. Desta sorte, a linguística jurídica é o ramo da linguística que se ocupa do estudo científico da linguagem jurídica.

Cabe apontar que, na área jurídica, a linguística histórica, ou etimologia é aquela que mais observamos na leitura de Manuais das mais diversas áreas do direito, bastando lembrar a primeira explicação do sentido da palavra /direito/ que aprendemos na Faculdade – derivada do latim /*directum*/, /*rectum*/, aquilo que é conforme uma regra.

Em que pese a importância da linguística histórica para o desenvolvimento de diversos modelos de análise da linguística contemporânea, fato é que pensar a língua apenas em suas transformações ao longo do tempo (o que nos permite saber, por exemplo, que o português contemporâneo é língua–filha do latim, que se falava em Roma, e que a origem de todas as línguas europeias é o indo europeu) não permite estabelecer estatuto científico para o estudo da linguagem.

Cabe salientar que a linguística histórica foi referência nos estudos da linguagem entre os séculos XVIII e XIX e Saussure iniciou seus estudos por esta vertente. Quando se tornou professor, refletindo sobre o fenômeno da linguagem, e ancorado naquilo que estudara, pôde chegar a duas constatações: a primeira, de que a língua falada precede a língua escrita; a segunda, de que as palavras não são nomenclatura para as coisas do mundo, mas que constituem um sistema de significação em que um termo da língua se define em relação a outro.

Assim, de acordo com Saussure, cada língua natural é composta por uma rede de relações de termos que se definem mutuamente, permitindo aos indivíduos compreenderem e criarem sentido através de textos, discursos, diálogos, etc.

A linguagem jurídica é chamada de linguagem de segundo grau, uma vez que, embora se utilize de determinada língua natural para ser veiculada, possui significados próprios para certos termos, graças ao caráter científico desta área do conhecimento.

No Exame de Ordem, o examinado deverá dominar alguns aspectos básicos da linguagem jurídica para alcançar a aprovação. Para tanto, utilizaremos instrumentos e conceitos oriundos da linguística, demonstrados a seguir.

1.1. O signo Linguístico – a língua como sistema linguístico socializado

Chamamos de signo linguístico uma unidade constituída por uma relação de pressuposição recíproca que se estabelece entre grandezas oriundas do plano da expressão e do plano de conteúdo. Em outras palavras, o signo é o resultado da relação entre imagem acústica e conceito.

Quando escutamos ou lemos uma palavra como *lápis*, imediatamente remetemos a um conceito. O som ou a imagem /LÁPIS/ remete a um determinado objeto. Desta sorte temos:

a) Imagem acústica (ou significante) à /LÁPIS/ (som ou imagem).
b) Conceito (ou significado) à ✏ (o objeto).
  /LÁPIS/

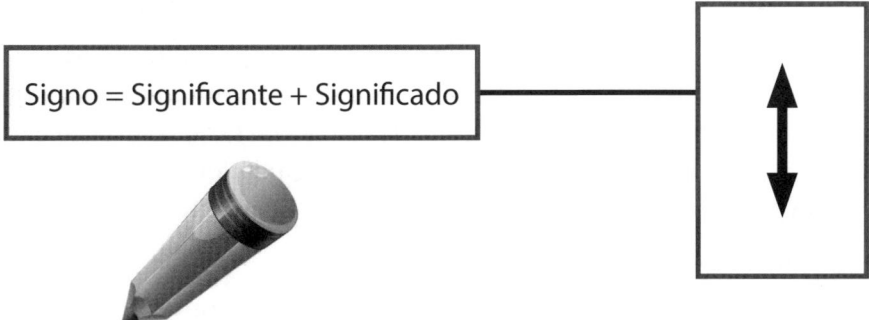

É assim que a linguística estruturalista propõe que as palavras não são nomenclaturas para as coisas do mundo, mas que são parte de um todo de sentido que independe da realidade que nomeiam.

Observe que o que se entende por significante não é "a coisa do mundo", mas a impressão sensorial criada em nosso cérebro quando pensamos em uma palavra, mas não a falamos.

A questão aqui não é dizer que, por vezes, não haja relação entre determinada palavra (signo linguístico) e algo que observamos através de nosso sentido. Ou seja, enquanto escrevo este livro estou diante de um computador e sei que a palavra /computador/ se refere a este objeto.

No entanto, se alguém pronunciasse, ou eu pensasse na palavra /computador/, sem que ele estivesse diante de mim, o que restaria, ao invés do objeto em si, seria a impressão sensorial que o som da palavra cria em meu cérebro.

Donde se depreende que, ainda que, por vezes, haja correlação entre um signo e algo que existe naturalisticamente, tal correlação eventual não é relevante para o estudo da linguagem como ciência. Até mesmo porque os signos linguísticos podem criar 'um mundo' inexistente no 'mundo real', e, ainda assim, somos capazes de compreendê-lo.

Para ilustrar o que vimos dizendo, pense a quantos filmes de ficção você já assistiu, ou quantos livros de contos maravilhosos você leu, em que se contam histórias de dragões, fadas, elfos, hobbits, etc. Sabemos que estes seres 'não existem de verdade', mas ainda assim, admitimos sua existência, por meio da linguagem.

A definição que vimos desenvolvendo a respeito de signos linguístico, diz sobre o que ele é *substancialmente*, ou seja, por aquilo que ele contém em seu interior. A partir daqui, quando já deve ter ficado claro que, para o domínio científico da linguagem, deve-se afastar o referente externo da língua, cabe apontar outros fundamentos que são essenciais para compreender a linguística e seus pressupostos para a abordagem das línguas naturais:

> – o significado dos signos é dado por convenção social
> – isto significa que não é dado ao falante de determinada língua natural alterar nada num signo linguístico, uma vez que a relação entre significante e significado é arbitrária. Ora, se este objeto que está diante de mim chama-se /computador/, eu não posso, deliberadamente, passar a chamá-lo de /inventer/, atribuindo a este significante o mesmo significado de /computador/, primeiro porque ninguém vai me entender quando pedir o /inventer/ daquela pessoa emprestado; segundo, porque rompi com um corolário das línguas naturais, que é o respeito à convenção social no estabelecimento do sentido de um determinado signo. Por isso que dizemos que o corolário da arbitrariedade do signo linguístico é a convenção social.

Se esses conceitos ainda parecem confusos ao leitor, exemplo esclarecedor a respeito do que enunciamos no parágrafo anterior é a forma como as diferentes línguas naturais tratam da relação entre significante e significado.

Ora, na língua portuguesa falamos em /dedos/, referindo-nos tanto aos dedos de nossos pés quanto dos dedos de nossas mãos, ao passo que a língua inglesa fala em /fingers/ e /toes/, respectivamente para se referir aos dedos *das mãos* e aos dedos *dos pés*. Por que isto ocorre? Porque cada língua natural determina a sua própria rede de relações de sentido e, com isso, cria a sua própria convenção social. Cada sociedade com sua língua. Cada língua se define conforme os contornos que a convenção social lhes dá.

Para aclarar ainda mais a compreensão, vale lembrar que, conforme dissemos anteriormente, os signos linguísticos são apenas uma forma dentre outras formas possíveis de signos, ou seja, de relações entre um plano de expressão e um plano de conteúdo.

Os símbolos, por exemplo, também são signos. Os sinais de semáforo, da mesma forma estabelecem uma relação entre um plano de expressão (cores) e um plano de conteúdo (pare, siga, cuidado). O significado de cada cor do semáforo é dado por convenção social, uma vez que, no mundo natural, o vermelho, o verde, o amarelo, não significam absolutamente, pare, siga, cuidado.

Poderíamos também supor, que outra sociedade cultural poderia utilizar outras cores para significar a mesma coisa: o azul, o pink e cinza, para significar siga, pare e cuidado, e assim por diante. Se é possível com as cores, é possível com as palavras.

Vamos agora migrar para nossa área de interesse na linguagem, que é a linguagem jurídica. O sentido de /homicídio/, /infanticídio/ e /aborto/ é dado por convenção social e não é admitido ao jurista utilizar-se de um pelo outro, não é mesmo?

Por sinal, o que confere estatuto científico ao direito é justamente o rigor na construção de sua linguagem. Se, por um lado, todos podem falar sobre fatos que são de interesse da área jurídica, somente alguém com conhecimento técnico está autorizado a deduzir o sentido jurídico específico de determinados termos.

Pegue-se como exemplo o uso popular da palavra /roubo/: Um torcedor entrevistado após uma partida de futebol em que seu time perdeu, pode, enfurecido, reclamar da arbitragem e dizer que o juiz /roubou/ seu time ao marcar pênalti para a equipe adversária; em um jogo de *poker*, um jogador pode falar para o outro que este /roubou/ na hora da distribuição das cartas; ouvimos a todo momento as pessoas dizendo que os políticos são corruptos e que /roubam/ o dinheiro público; por fim, em um noticiário sensacionalista de televisão ou rádio, um locutor eloquente pode se revoltar com uma cena gravada em câmera de segurança, em que se vê um meliante abrindo um veículo que não lhe pertence, subtraindo-o e gritar, em rede nacional, que o meliante "é um /safado/ que /roubou/ o carro de um pobre aposentado".

Como se sabe, nenhum dos eventos acima narrados confere ao significante /roubo/ o significado jurídico apropriado, de acordo com a convenção da linguagem jurídica, senão vejamos: no primeiro caso, /roubo/ está sendo utilizado em sentido vulgar, referindo-se a qualquer ato por meio do qual uma pessoa causa prejuízo a outrem, com a consciência de que o faz; o mesmo ocorrendo no exemplo do jogo de *poker*; já no último caso, o estudante e o bacharel em direito sabem que /subtrair coisa alheia móvel para si ou para outrem/ é o significado de /furto/ e não de /roubo/, que exige, para sua configuração, mais um elemento semântico /mediante violência ou grave ameaça.../.

O repórter sensacionalista pode muito bem usar um termo pelo outro, sem maiores consequências, o que não é possível para a convenção da linguagem jurídica, haja vista que os sentidos são opostos e as consequências jurídicas são diversas.

> – o significado dos signos linguístico se define por oposição – isto quer dizer, falando com Saussure em sua obra "Curso de Linguística Geral", que um signo se define em relação aos outros signos que compõem uma rede de relação de significados.

Voltando ao exemplo de /fingers/ e /toes/ na língua inglesa, um termo faz sentido na oposição que estabelece com o outro signo, ou seja, um se define em relação ao outro. Em português, esta oposição não é relevante, bastando a utilização das locuções adjetivas 'dos pés'/'das mãos/ para opor uns aos outros.

Pensemos agora em termos com sentido mais abstrato, tais como /cansado/, /exausto/ e /exaurido/, todos eles pertencentes a um mesmo campo semântico, mas com sentidos opostos, ou seja, um se definindo em relação ao outro: quando subimos alguns degraus, podemos dizer que ficamos /cansados/; quando carregamos malas e malas de viagem, podemos dizer que ficamos /exaustos/; quando ficamos 12 horas dentro de um avião, carregamos bagagens pesadas em ônibus e trens, subindo escadas, o signo mais apropriado a ser utilizado seria /exaurido/.

Voltemos ao exemplo de linguagem jurídica que lançamos há pouco para reflexão: /roubo/ e /furto/, um termo jurídico também se define um em relação ao outro, perfazendo uma rede de relações de aproximações e distanciamentos semânticos; mesma coisa com /homicídio/, /infanticídio/, /aborto/, podendo tais relações serem ampliadas a todos os campos do direito, haja vista o comportamento linear do fenômeno da linguagem, enquanto sistema.

É justamente este dito comportamento linear, estável, que permitiu aos homens desenvolverem uma linguagem jurídica, com gramática e semântica próprias, e que está na gênese da compreensão dos fenômenos jurídicos como sistema, tal como prenunciado por Hans Kelsen.

Advertências

Ao final deste item, cabem duas advertências:

– <u>dimensão dos signos linguísticos</u>: para facilitarmos a compreensão do leitor, até aqui utilizamos os termos /palavras/ e /signos linguísticos/ como sinônimos, o que representa uma imperfeição teórica, uma vez que a dimensão de um signo linguístico pode ser maior ou menor do que uma palavra, o que é definido pelo analista do discurso.

Ou seja, posso considerar os prefixos e sufixos como signos, haja vista que são unidades de sentido que se opõem (*des*fazer e *re*fazer, por exemplo, o sentido de /des/ se opõe ao sentido de /re/), bem como posso considerar um livro inteiro como um signo e fazer a oposição com outro livro inteiro, como unidades integrais de sentido (um texto parnasianista se opõe a um texto modernista, por exemplo).

– <u>linguística e gramática normativa</u>: embora a linguística e a gramática normativa tenham o mesmo objeto de estudo (linguagem verbal humana), são ramos do conhecimento que se diferenciam de acordo com seus pressupostos e finalidades.

A gramática normativa, como o próprio nome sugere, estuda as regras que *devem ser* observadas para o uso *culto* da linguagem, estabelecendo, assim, distinções entre o que considera *norma padrão* e *desvios de lingua-*

gem. Portanto é o caráter *normativo* da língua que importa ao gramático, que disporá as regras corretas de ortografia, divisão silábica, regência verbal, concordância, etc. com base na *língua escrita*.

Já a linguística, apoiada no estudo da *língua falada* vai tratá-la como objeto científico, o que implica sua observação e a criação de modelos teóricos que explicam *como é possível* a linguagem verbal humana, sem se preocupar com o que é *certo* ou *errado* na língua, mas sim a explicação de como é possível a ocorrência, por exemplo, do *uso popular* e do *uso culto* da linguagem, em determinadas circunstâncias.

Cabe ao estudante de direito, ao candidato de Exame de Ordem, ao advogado, compreender e assimilar os pressupostos de ambas as áreas do conhecimento, que serão devidamente desenvolvidos ao longo desta obra.

1.2. Linguagem

Linguagem é o nome dado a todo e qualquer sistema, baseado em signos convencionais (gestuais, sonoros, gráficos...), que possa ser empregado para comunicar ou propiciar o ato comunicativo. A depender da natureza dos signos, a linguagem é classificada como verbal ou não verbal.

1.2.1. Verbal

Classificamos como verbal a linguagem baseada em vocábulos, ou seja, composta por signos que possuem como imagem acústica ou significante, palavras. É justamente por meio da linguagem verbal que o candidato do Exame de Ordem vai formular sua prova, devendo compreender o sentido de seu ato de linguagem em sentido amplo.

1.2.2. Não verbal

Nem todos os signos são compostos por palavras, o que indica que nem todo o ato comunicativo se baseia em estruturas verbais. É possível comunicar a desaprovação, por exemplo, com um simples balançar de cabeça – sem que seja feito uso de qualquer palavra. Neste caso, teríamos e emprego de linguagem não verbal, ou seja, um sistema baseado em signos diversos das palavras.

Por sinal, a partir da noção de /significante/ e /significado/ desenvolvido pela linguística e seu posterior redimensionamento em /plano de expressão/ e /plano de conteúdo/, tornou-se possível a depreensão de sentido presente em qualquer tipo de texto produzido pelos homens, dando origem à área do conhecimento denominada Semiótica, que possui diversas vertentes, a serem exploradas ao longo de nossos estudos.

1.3. Língua

Trata-se da linguagem verbal característica de uma comunidade linguística empregada para a comunicação cotidiana. Em outros termos, é o sistema que os integrantes de determinado grupo de seres humanos utilizam para se comunicar. Por isso, a língua é a imagem da cultura desta comunidade, servindo como elemento fundamental de identidade. É o caso do português no Brasil e do inglês na Inglaterra.

Todas as línguas naturais se alteram constantemente como reflexo das modificações pelas quais passam as culturas das quais se originam, ancorados na flexibilidade e adaptabilidade próprias da língua falada.

1.4. Fala

Para a linguística, fala é o uso individual da língua; a manifestação concreta da língua através do discurso de um falante. É o uso que determinado elemento de uma comunidade linguística faz da linguagem verbal para se comunicar com os demais membros do grupo. Falar não é apenas verbalizar oralmente. Podemos observar a fala através da escrita também, por exemplo. Resumindo, qualquer manifestação em concreto da língua recebe o nome de fala.

Cabe mencionar que Saussure desenvolveu sua teoria linguística com base na noção de língua como sistema, tendo, no entanto, considerado que a existência da língua pressupõe a ocorrência de fala, estabelecendo uma dicotomia entre estes dois fenômenos (*langue* x *parole*). Enquanto a língua se prende à noção de *sistema*, a fala se relaciona à noção de *processo* de produção de enunciados individualmente pelos falantes de determinada língua natural.

Embora, num primeiro momento, tenha-se a impressão de que não seria possível teorizar a respeito da fala, fato é que, notadamente a partir de 1950, diversos estudos ganharam corpo com base no estabelecimento de modelos de análise para a compreensão científica dos atos de fala, tal qual ocorre com as doutrinas ditas pragmáticas, ou teorias dos atos de fala, que serão também devidamente desenvolvidas neste livro.

1.5. Variação linguística

Apesar de a língua ser uma só, ou seja, do sistema em abstrato ser uno, o uso que cada um dos membros de dada comunidade linguística faz deste sistema é bastante distinto. Por isso, surge a variação linguística consistente em oscilações e alterações no sistema causadas por modificações culturais pelas quais passam determinada comunidade linguística.

Foram necessários muitos anos para que *vossa mercê* se transformasse em *vosmicê*, passando por *micê/suncê* até se tornar *você*.

Apesar de absolutamente naturais, é comum que estas alterações sejam vistas como negativas e encaradas com maior resistência por parte dos membros mais antigos ou das instituições mais tradicionais de dada comunidade.

Na área jurídica em geral e no Exame de Ordem em particular há pouquíssima tolerância a modificações e inovações no emprego da linguagem jurídica. Trata-se de um modelo formal que o candidato deverá ser capaz de utilizar sem poder efetuar alterações significativas.

1.6. Níveis de linguagem

Devido à existência das variações linguísticas, surgem alguns níveis da linguagem. Para o corrente estudo, importa basicamente uma dicotomia existente entre a chamada *norma padrão* ou *linguagem culta* e a *linguagem coloquial*.

1.6.1. Linguagem coloquial

É o nome dado a toda fala empregada sem a observância das regras presentes na gramática normativa. Normalmente, quando nos comunicamos com nossos amigos ou familiares, não utilizamos todas as fórmulas de uso prescritas pela gramática. É comum, por exemplo, dizermos *me dá tal coisa*, enquanto a gramática nos obriga à construção *dá-me tal coisa*.

Por isso mesmo, o uso coloquial é visto, por grande parte dos brasileiros, como "inadequado", "errado" ou "feio".

1.6.2. NORMA PADRÃO OU LINGUAGEM CULTA

Já o emprego da norma padrão ou culta se consubstancia na forma considerada culta da língua ou imposta como padrão por determinadas classes sociais. Trata-se da fala que observa grande parte – senão todas – as regras contidas na gramática normativa.

Também por isso é considerada como a forma "correta", "bonita" e adequada de se expressar utilizando a língua portuguesa.

No Exame de Ordem, sem entrar nas questões técnicas e sociais, é importante que o leitor entenda que o examinador da OAB espera que apenas este nível de linguagem seja utilizado ao longo de toda a segunda fase e em todos os textos jurídicos. O emprego de qualquer outra variante denotará falta de cuidado com o vernáculo, por isso, deve ser evitado. Esta é a razão de explicarmos, a seguir, na revisão gramatical, as principais regras infringidas nos exames.

1.7. O Funcionamento da Linguagem na Comunicação Jurídica

É fundamental que entendamos como devemos empregar a linguagem durante o ato comunicativo, sobretudo em se tratando de ato tão singular quanto o Exame da Ordem dos Advogados do Brasil. Há uma série de peculiaridades que, se observadas, levarão o candidato à aprovação.

1.7.1. LINGUAGEM JURÍDICA

Chamamos de linguagem jurídica o sistema baseado em signos verbais empregados comumente na esfera jurídica. Não é a linguagem do advogado, pois este é um membro da comunidade linguística como outro qualquer e fará um uso pessoal do mesmo sistema que os demais. Trata-se, antes, da maneira como o profissional do direito deve se expressar em situações específicas que exigem o uso da linguagem jurídica, tais como o Exame de Ordem.

A linguagem jurídica é composta basicamente pela variante chamada de culta ou padrão somada a termos e expressões técnicas. Não é mais certa e nem mais errada do que nenhuma outra variante ou uso – é apenas um pouco diferente, o que obriga uma adaptação por parte do aluno de curso jurídico.

No Exame de Ordem, o examinador espera que o candidato empregue com correção a linguagem jurídica. Esta é composta por norma culta + termos técnicos. Assim sendo, o examinado deverá dominar esta variante e estes termos através do conhecimento de seus usos e características.

Ao longo desta obra, trataremos especificamente de questões ligadas ao correto uso do vernáculo a que deve se atentar o candidato.

1.7.1.1. Características da Linguagem Jurídica

- A linguagem jurídica é extremamente formal, ou seja, exige o emprego de uma estrutura muito rígida e com baixíssima tolerância a inovações e alterações.

- Até por isso, é tida como muito tradicional, autorizando o emprego de termos e estruturas que já se encontram em desuso nas demais variantes, embora nem sempre isto seja desejável.

- É a variação linguística empregada por um subgrupo social que, de alguma maneira, se vê obrigado a lidar com o Direito sendo necessário o desenvolvimento de um uso singular do português.

- Também por isso, é tida como técnica ou especializada na medida em que soma à variante padrão, termos e expressões de cunho técnico, gerando uma variante especial.

1.7.1.2. Vocabulário Jurídico

Uma das dificuldades apresentadas pela linguagem jurídica aos seus usuários é o emprego de termos e expressões que só circulam e são utilizados no meio jurídico. Esses signos especiais formam o conjunto denominado vocabulário jurídico. Mas não é só. Todo termo ou expressão que, no contexto jurídico, admite significado distinto do natural, também integra o conjunto vocabulário jurídico.

Assim, temos que vocabulário jurídico é um conjunto formado por signos só empregados no universo jurídico ou que nele admitem novo significado. São alguns exemplos de signos pertencentes ao vocabulário jurídico: *habeas corpus*, mandado de injunção, furto, ato libidinoso etc.

No Exame de Ordem, e em concursos públicos em geral, espera-se que o candidato domine os termos técnicos que integram o vocabulário jurídico, sendo o uso inadequado punível com perda significativa de nota. Por vezes, para deixar o texto mais "bonito" ou "pomposo", empregam-se termos técnicos inadequadamente. Trata-se de verdadeiro *tiro no pé*; pois ao invés de servir como prova de eloquência e conhecimento, aponta a ignorância e falha técnica do examinado.

Assim sendo, sugerimos que o leitor empregue apenas aqueles termos que conhece profundamente, tanto o significado quanto a grafia, evitando, sempre que possível o uso de desvio da linguagem jurídica conhecido como *juridiquês*, conforme lemos no trecho a seguir:

> — *"O alcândor Conselho Especial de Justiça, na sua apostura irrepreensível, foi correto e acendrado em seu decisório. É certo que o Ministério Público tem o seu lambel largo no exercício do poder de denunciar. Mas nenhum labéu o levaria a pouso cinéreo se houvesse acolitado o pronunciamento absolutório dos nobres alvarizes de primeira instância"*

Fonte: site *Jus Navigandi*

1.7.1.3. Intolerância Jurídica ao Desvio Normativo

Tendo em vista o que apresentamos até aqui, é possível refletirmos a cerca do certo e do errado em se tratando de fala: se a fala é a manifestação concreta e individualizada da língua, que não é mais do que uma espécie de linguagem verbal; e o objetivo da linguagem é propiciar o ato comunicativo; seria possível afirmarmos que determinado uso é incorreto?

Linguisticamente, sim. Seria o caso de usos inaptos a estabelecer a comunicação e dos que geram dificuldade ou erro na interpretação da mensagem. Mas, grande parte dos usos considerados inadequados em exames e concursos não possui essa natureza. Muitas vezes, são desvios às normas prescritas pela gramática normativa. Exemplificando: A posição do pronome oblíquo átono na frase supramencionada – *Me dá tal coisa* – seria vista como um erro. Este desvio possui natureza gramatical e não linguística, já que em nenhum momento comprometeu ou mesmo dificultou o ato comunicativo ou o entendimento da mensagem.

No Exame de Ordem, independentemente da natureza do equívoco (linguística ou puramente gramatical), haverá sempre uma consequência negativa para o falante, pois se trata de um meio extremamente intolerante com tudo aquilo que se afasta do padrão instituído tradicionalmente. Quer dizer que qualquer uso que contrarie as expectativas do examinador será considerado errado e ocasionará grave desconto na nota do candidato.

1.8. Semântica lexical: sentido e escolha das palavras na linguagem jurídica

1.8.1. Conceito

Semântica é o nome dado ao ramo da linguística que estuda a significação, ou seja, a geração de significados e a análise dos mesmos. Este campo de estudos perpassa a significação no nível da palavra, frase, parágrafos ou mesmo do texto como um todo.

Dos estudos de semântica lexical é possível extrair alguns conceitos que serão de grande valia para o candidato tornar sua atividade de interpretação e produção textual mais rica e criativa.

1.8.2. Polissemia

Polissemia é o nome dado à possibilidade semântica de se atribuir vários significados a um mesmo termo. Desta sorte podemos utilizar as palavras em seu sentido denotado e conotado:

1.8.2.1. Denotação

Na maioria das vezes empregamos palavras ou expressões em seu sentido **denotativo**, ou seja, observando a relação direta e independente do contexto existente entre o significante e o significado. Trata-se do emprego do termo em sua acepção tradicional. Exemplo: Hobbes está **preso** por assassinato. Neste caso, o termo /preso/ foi empregado em seu sentido denotativo.

1.8.2.2. Conotação

Porém, algumas vezes empregamos os mesmos termos atribuindo-lhes significados bastante distintos do original. Nestes casos, somente entenderemos o real significado analisando o contexto e estaremos diante do uso chamado **conotativo**.

É o que ocorre em algumas ironias ou com o emprego da chamada linguagem figurada. Exemplo: Rousseau está **preso** no trânsito. Aqui, temos o emprego do termo /preso/ em sentido conotativo já que, pelo contexto, é possível entender que Rousseau está parado em algum congestionamento. Do mesmo modo, posso falar que Jeca-tatu **assassinou** a língua portuguesa. Nesses casos, o significado geral da frase serve de contexto para a compreensão do que é expresso pelo termo conotado.

1.8.2.3. Denotação, Conotação e Discurso Jurídico

Por intuição, tendemos a imaginar que o discurso jurídico é construído com base apenas em palavras de sentido denotado, sendo que a conotação seria forma de utilização de palavras em textos literários.

No entanto, basta recordar de expressões como fontes do direito, ramos do direito, frutos, etc. para nos convencermos de que as coisas não funcionam bem assim, haja vista que o uso de palavras em sentido conotado pode preencher importante função na compreensão de determinado texto.

Ora, quando o autor de Introdução ao Direito vale-se da palavra /fonte/, remete ao olho d'água, ou seja, de onde surge este elemento na natureza, por entre as rochas; metaforicamente falando, as fontes do direito são os textos por meio dos quais é possível saber a origem do discurso jurídico.

É claro que, na elaboração de peças jurídicas, afora os termos conotados que já são consagrados na área jurídica, o enunciador deve evitar o uso indiscriminado de expressões com sentido conotado, mantendo-se fiel ao sistema de signos linguísticos e a significação própria destes na área jurídica.

1.8.3. Palavras e significação

Claro que, quando se propõe que os signos linguísticos são arbitrários e que um significante (imagem acústica) corresponde a um significado (conceito), há situações em que essa precisão de sentido pode sofrer alguns reveses, eis que há certas palavras que são, por assim dizer, semanticamente vagas, abrindo margem, pois, a debates sobre sua significação predominante.

1.8.3.1. Termos unívocos

Os termos unívocos são aqueles que possuem apenas um significado. Trata-se de uma relação direta entre um significante e um significado. Exemplo: *Habeas Corpus*, nome dado a uma peça específica muito usado no Direito Penal.

1.8.3.2. Termos equívocos

Já os termos equívocos associam a um significante, mais de um significado. Exemplo: justiça ou ética. Diferentes autores empregam a palavra justiça com diferentes significados. O conceito do termo justiça é algo bastante difícil de especificar, o que pode gerar interpretações absolutamente distintas.

1.8.4. Relações de sentido entre palavras

Considerando as relações entre a palavra falada, a palavra escrita e seu significado, por vezes é possível observar certas imprecisões e/ou dificuldades na correta incorporação do léxico da língua portuguesa, tal como ocorre nos seguintes fenômenos de linguagem:

1.8.4.1. Homonímia

Homonímia é o nome do fenômeno que consiste na uniformidade de nomes (significantes), apesar da disparidade de significados. É o que ocorre com o significante são, por exemplo. Observe as seguintes frases:

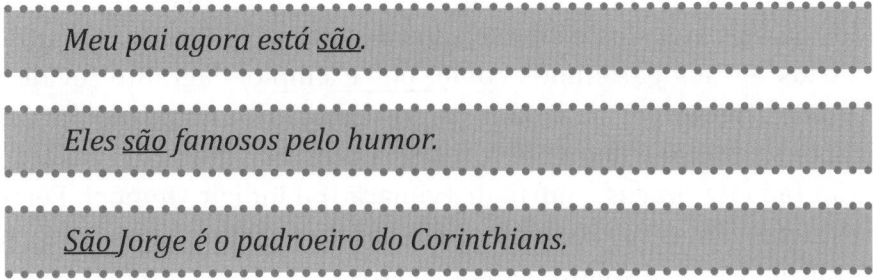

> Meu pai agora está são.

> Eles são famosos pelo humor.

> São Jorge é o padroeiro do Corinthians.

Na primeira frase, são é adjetivo sinônimo *saudável*; no segundo caso, trata-se do verbo *ser* flexionada para a terceira pessoa do plural; no último, substantivo relacionado a *Santo*.

No discurso jurídico também nos deparamos com palavras homônimas, como é o caso de /sequestro/, que tanto pode ser a figura jurídica prevista nos art. 822 a 825 do Código de Processo Civil, quanto aquela prevista no art. 148 do Código Penal. Neste caso, como ambas são escritas e faladas do mesmo jeito, embora possuam significação e uso absolutamente diversos, somente o contexto pode nos dar a significação correta em cada caso.

1.8.4.2. Homófonos

Pode ocorrer identidade apenas no âmbito do som, ou seja, identidade fonética, como em seção, cessão e sessão. Neste caso estaremos diante de termos homófonos. Exemplo: Registrei uma cessão de direitos, na seção do cartório responsável, após assistir o filme da sessão da tarde. Muitos confundem o sentido de remissão e remição também, sendo o primeiro instituto de Direito Civil, e o segundo tema inserido no tópico de Execução, em Direito Processual Civil.

1.8.4.3. Homógrafos

Por outro lado, a identidade pode incidir apenas na grafia do termo, como em gosto (substantivo) e gosto (verbo). Aqui observamos termos homógrafos. Exemplo: Esta fruta tem um gosto (substantivo) estranho, mas eu gosto (verbo).

1.8.4.4. Paronímia

Chamamos de parônimos os signos que apresentam significantes parecidos ou aproximados e significados distintos. No Direito, são utilizados vários termos parônimos como, por exemplo, flagrante (evidente) e fragrante (perfume); mandato (representação) e mandado (ordem); eminente (elevado) e iminente (prestes a ocorrer); infração (violação) e inflação (alta de preços); infringir (violação) e infligir (impor). Perceba que os significantes são bastante semelhantes (só altera uma letra), mas os significados são absolutamente diversos.

1.8.4.5. Arcaísmos

Arcaísmo é a denominação atribuída às palavras ou expressões que já não são mais empregadas dentro de determinado contexto de enunciação, ou seja, que estão em desuso. O Direito valoriza o uso de uma gama variada do que pode ser considerado arcaísmo para a sociedade de maneira geral. São alguns exemplos: outrossim (também), quiçá (talvez), à guisa de (a maneira de), teúda e manteúda (concubina); lídimo (legítimo); pertenças (benfeitorias); avença (acordo); usança (uso) etc.

Por serem termos ou expressões em desuso, é bastante comum a ocorrência de equívocos que vão da grafia incorreta à atribuição de significados incorretos, passando por usos contextualmente inadequados.

1.8.4.6. Neologismos

Trata-se de um fenômeno que consiste na criação ou inovação lexical, ou seja, quando se cria uma palavra ou expressão, ou ainda, se atribui um novo significado a uma já existente, estamos diante de um caso de neologismo. É muito comum que os neologismos se baseiem na junção de afixos, terminações verbais ou radicais conhecidos, formando um novo signo; que, pelo contexto, seja possível se chegar ao significado.

Exemplos: internetês (linguagem empregada na internet); deletar (apagar); mensalão (esquema de corrupção); bico (trabalho informal e temporário) etc.

1.8.4.7. Estrangeirismos

Nome dado ao fenômeno de importação lexical gerado pela relação entre culturas diversas. Em outras palavras, pelo contato, importam-se palavras ou expressões de outras culturas, inserindo-as na língua pátria. Exemplos: fast-food (lanchonete); delivery (entrega); factoring (fomento mercantil); joint-ventures (união de empresas com determinado objetivo); antitrust (anticompetitivas); doping (emprego de substâncias visando o aumento de desempenho) etc.

1.8.4.8. Latinismos

Também chamado de romanismo, é o nome dado ao emprego de palavras ou expressões próprias do latim. O Direito brasileiro conserva inúmeras características do romano, fazendo uso, inclusive, de vários latinismos. Quando o latinismo se consubstancia em um provérbio ou definição, é chamado de brocardo. É o caso de *dura lex, sed lex* que significa que a lei é dura, mas deve ser cumprida por ser a lei.

Há duas motivações para o emprego de latinismos no Direito: demonstrar erudição e condensar conceitos. Em ambos os casos, o falante deve se ater a correta grafia e, sobretudo, ao significado. Lembre-se que as palavras e expressões latinas devem ser escritas entre aspas simples ou sublinhadas: 'periculum in mora'; <u>fumus bonis juris</u>.

Como se sabe, algumas áreas do direito aproximam-se mais da retórica clássica e, por esta razão, possuem maior uso de tais tipos de expressões, como é o caso do Direito Penal. Aliás, tanto o Direito Penal quanto o Direito Civil utilizam o latim para nomear diversos institutos tais como 'aberractio ictus', 'aberratio delicti', 'post factum' não punível, obrigações 'propter rem', bens do 'de cujus', 'pacta sunt servanda', etc.

Por sua vez, o Direito do Trabalho convive de modo distante com tais expressões, razão pela qual, pra peças jurídicas desta área não se observa grande uso de tais expressões.

De todo modo, o que deve ser evitada são as expressões latinas que servem apenas para 'florir' o texto. Por exemplo: o candidato utiliza-se da expressão latina 'ex positis' ao invés de 'diante do exposto'; 'dies a quo' ao invés de 'dia de início'; 'ex lege' ao invés de 'de acordo com a lei';

'inaudita altera pars' ao invés de 'sem que seja ouvida a parte contrária'. Isso sem falar no uso indiscriminado da expressão 'data venia', vício de linguagem tão comum no direito quanto o uso de 'tipo' a todo momento por certos jovens.

Observe que, no Exame de Ordem, nenhum candidato será obrigado a utilizar latinismos na prova. Seu uso pode ser visto como positivo, por exemplo, na confecção da peça. Contudo, a grafia errada ou o emprego inadequado quanto ao significado geraria o efeito oposto, qual seja, ao invés de demonstrar erudição e apropriação do vocabulário jurídico culto, demonstraria ignorância e soaria como afetação estilística. Assim sendo, é possível utilizar latinismos, desde que se domine a grafia e o significado do termo ou expressão em latim. Caso contrário, é melhor evitar.

1.9. Variações da linguagem jurídica

O discurso jurídico é o nome dado ao conjunto de enunciados verbais característicos da linguagem jurídica observados em seu contexto de produção. Sua análise leva em consideração os efeitos desejáveis (pelo emissor) e os efetivos (causados no receptor), bem como uma tipologia que diferencia os enunciados agrupando-os em categorias distintas como veremos a seguir.

1.9.1. Tipos de Enunciados Jurídicos

▶ Legislativos ⟶ são aqueles comumente empregados na elaboração de leis. São elaborados por meio daquilo que denominamos *norma jurídica*, que é discurso conhecido como *comando*, que define forma de conduta, de acordo com o que dispõe, relacionado, direta ou indiretamente, com algum tipo de sanção. Sob o aspecto lógico, a norma jurídica estabelece relação enunciativa do seguinte tipo: "Se *A* é, então *B* deve ser".

Na área jurídica, tudo aquilo que é enunciado pelo legislador ganha caráter de *obrigatoriedade de observação*, diferentemente do que ocorre, por exemplo, quando lemos um livro que trata de determinada área do direito, fundado naquilo que denominamos *proposições jurídicas*, que podem ser questionadas como *verdadeiras* ou *falsas*, ao passo que o discurso legislativo é analisado de acordo com a categoria *validade/invalidade* da norma.

- Judiciários ⟶ são os empregados nas peças jurídicas como a que terá de ser feita na segunda fase do exame da ordem. Dentro do discurso Judiciário, podemos diferenciar, por exemplo, o tipo de discurso empreendido pelos magistrados e aqueles dos advogados e promotores – principais produtores de discursos judiciários.

Norberto Bobbio, em sua obra "Teoria do Ordenamento Jurídico" distingue o discurso legislativo (que entende como comando), do discurso jurisprudencial (definindo, de certa forma, as jurisprudências dos tribunais como "conselhos" ao magistrado e às partes processuais) e do discurso dos advogados e promotores, que tomam revestimento de "pedidos", tais como petições judiciais formuladas pelos advogados e promotores, a fim de requerer a concessão de algum direito, desde a prorrogação de um prazo judicial para a apresentação de um documento em juízo, até o pedido mesmo de procedência de ação, a fim de que se dê guarida a determinado direito expresso em um comando legal, ou conselho jurisprudencial.

- Contratuais ⟶ são os característicos dos contratos. Todo estudante de direito já teve a oportunidade de tomar contato com um contrato e percebeu que a estrutura discursiva destes é muito semelhante à da legislação, com a diferença de possuir conteúdos concretizados, naquilo que a norma jurídica fala de maneira geral e abstrata.

Exemplificando, veja o que dispõe o art. Art. 594 do Código Civil a respeito do objeto do contrato de prestação de serviços: "*Toda a espécie de serviço ou trabalho lícito, material ou imaterial, pode ser contratada mediante retribuição*". Veja a generalidade e abstração do texto legal (TODA, pronome indefinido, SERVIÇO ou TRABALHO, palavras com sentidos abrangentes).

Já, em um contrato de prestação de serviços vai enunciar algo do tipo: "O CONTRATANTE, compromete-se a *prestar serviços de consultoria jurídica...*". Veja que aquilo que era geral e abstrato (TODO SERVIÇO) tornou-se específico e concreto (CONSULTORIA JURÍDICA).

▸ Doutrinários ⟶ são os encontrados nas doutrinas em geral. Como já foi quando tratamos do discurso legislativo, a doutrina trata dos mesmos temas contidos na legislação e na jurisprudência, no entanto com forma enunciativa peculiar, obedecendo a critérios formais da metodologia da pesquisa científica, que é o que lhes confere maior ou menor credibilidade acadêmica.

Assim, é possível afirmar que o discurso doutrinário possui forma e finalidade diversa dos textos legislativos e jurisprudenciais (entendidos como aqueles produzidos na prática forense), destinado à comunidade jurídico-científica, produzindo aquilo que poderíamos chamar de *direito em tese*.

▸ Cartorários ⟶ são os comuns aos cartórios na elaboração de registros. No judiciário é muito comum observarmos o discurso cartorários nos chamados *atos ordinatórios* do processo, tais como: "Diga o autor sobre a réplica de fls.".

Também é possível ler este tipo de discurso nas certidões das mais variadas espécies enunciadas por oficiais de justiça e oficiais de cartório, valendo informar ao leitor que este tipo de discurso próprio da burocracia estatal vem organizado no "Manual de Redação da Presidência da República", que exige impessoalidade, concisão, clareza, padronização e uso da norma culta na elaboração de correspondências oficiais.

No Exame de Ordem, apesar de muito diferentes, cada um desses enunciados integra o discurso jurídico e, consequentemente, a linguagem jurídica. Ainda assim, trabalharemos apenas com os legislativos, doutrinários e com os processuais posto que especificamente estes devem ser conhecidos e dominados para o êxito na segunda fase do exame da ordem. Os doutrinários e legislativos serão empregados nas respostas às questões discursivas da segunda fase e os processuais, na construção da peça.

Parte II
ANÁLISE E INTERPRETAÇÃO DO TEXTO JURÍDICO

1. INTRODUÇÃO

Interpretar textos, podemos afirmar, é o carro-chefe de questões de provas e concursos, especialmente daqueles que exigem nível superior, como é o caso do Exame de Ordem.

Isto porque a correta interpretação textual separa aqueles candidatos que são apenas alfabetizados daqueles que se tornaram competentes funcionalmente, ou seja, que têm a capacidade de colocar em uso os conhecimentos linguísticos de que dispõem.

A seguir, destacamos alguns tópicos essenciais da teoria da interpretação, que podem levar o candidato a otimizar sua capacidade de compreensão de textos.

Antes de prosseguirmos, cabe a advertência de que pouco servirá o contato com as explicações que se seguem, caso o candidato não se ponha 'em campo', para fazer uso dos modelos teóricos e dos pressupostos que serão a seguir desenvolvidos.

O estudante de Direito, por sinal, é conhecido como um eterno estudante, isto porque o discurso jurídico, em virtude de sua dinâmica determinada com bases na vida em sociedade, está em permanente transformação, obrigando sempre a atualização de nosso saber.

Além disso, é importante que todos os profissionais da área jurídica leiam todo tipo de texto, desde textos jornalísticos, passando por obras literárias, livros de história, sociologia, filosofia, até discursos artísticos como cinema, teatro, pinturas e esculturas, pois o contato intenso e com diversos tipos textuais confere ao leitor maior capacidade interpretativa.

1. <u>Definição de texto</u>. É o produto de uma enunciação, o que pressupõe a atividade de *alguém*, que fala de determinado *tempo* e *espaço* e que, valendo-se dos instrumentos da linguagem, toma opções a fim de construir enunciado que seja recebido como um todo de sentido por aqueles que tomarem contato com referido texto.

Consideramos texto uma unidade autônoma que produz sentido, independentemente de suas dimensões ou características. Assim, podemos considerar texto uma charge de humor, uma matéria jornalística, uma peça jurídica, etc.

Observe os textos abaixo:

Texto I – charge de humor de "jotape"

> VAMOS FUNDAR UM NOVO PT: PARTIDO DOS TRANCAFIADOS!

Chargeonline.com.br - © Copyright do autor

Texto II – matéria jornalística d' "O Globo"

> BRASÍLIA – Uma única cela no Centro de Internamento e Reeducação (CIR), dentro do Complexo Penitenciário da Papuda, é o novo endereço dos integrantes do núcleo central do mensalão que já começaram a cumprir a pena de prisão. Nesta segunda-feira à noite, o juiz titular da Vara de Execuções Penais no Distrito Federal, Ademar Silva de Vasconcelos, determinou a transferência para o CIR do ex-ministro da Casa Civil José Dirceu, do ex-presidente do PT José Genoino e do ex-tesoureiro do PT Delúbio Soares.
>
> A administração do sistema prisional confirmou que eles deram entrada no CIR pouco depois das 19h para cumprimento da pena em regime semiaberto. Além dos três, o ex-tesoureiro do PL (hoje PR) Jacinto Lamas e o ex-deputado Romeu Queiroz (MG) foram transferidos para o CIR. Na decisão, o juiz proíbe que os presos façam trabalhos externos até que pedidos nesse sentido sejam analisados. Vasconcelos confirmou ao GLOBO que eles ficarão numa mesma cela.

Read more: http://oglobo.globo.com/brasil/dirceu-genoino-delubio-estao-presos-em-regime-semiaberto-10811745#ixzz38gBew3cp

Texto III – trecho do voto do Ministro Marco Aurélio condenando José Dirceu na ação penal 470

> *VOTO*
>
> *(S/ITEM VI – 1.a, 2.a, 3.a, 4.a)*
>
> *(DOSIMETRIA DA PENA – JOSÉ DIRCEU – CORRUPÇÃO ATIVA)*
>
> *O SENHOR MINISTRO MARCO AURÉLIO* – Presidente, as circunstâncias judiciais mostram-se negativas, quer sob o ângulo da culpabilidade, quer da motivação, e das consequências do crime. Acompanho Sua Excelência, o relator, na fixação da pena-base em quatro anos e um mês de reclusão.

Em um primeiro momento, por certo, podemos notar grande diferença entre os textos no que diz respeito aos gêneros a que obedecem. Ora, as *charges* são textos que misturam elementos não-verbais com elementos verbais, via de regra, com a finalidade de produzir efeito de sentido de humor, tal como ocorre na charge em análise.

Textos jornalísticos geralmente recorrem a narrativas verbais por meio das quais contam um fato, descrevem situações e pessoas nele envolvidas, com a finalidade de informar o leitor a respeito de determinado evento.

Decisões judiciais são textos que obedecem a padrão textual fixo, geralmente composto por um relatório, a fundamentação e o conteúdo decisório efetivo, seguindo padrão dissertativo, com a finalidade de por fim a determinado processo judicial, respondendo as partes nele envolvido, sob as penas da lei.

Agora, propomos que o leitor faça abstração a respeito da forma de apresentação de cada um dos textos em análise e de sua intenção discursiva, mirando nossa atenção naquilo que eles apresentam em comum.

Em primeiro lugar, percebemos que todos eles tratam de um mesmo *tema* em concreto, qual seja, a condenação de políticos em processo que correu perante o STF, ação penal 470, popularmente conhecido como 'mensalão'. Abstraindo um pouco mais, podemos determinar que o *tema abstrato* dos textos em análise é *corrupção*.

1.1. Categorias de pessoa, espaço e tempo

Do mesmo modo, todos os textos possuem, ao menos, um personagem em comum, havendo, também, correlação no que diz respeito aos personagens textuais.

Por fim, pode-se admitir que todos os textos relatam um evento que ocorreu em momento anterior ao ato de enunciação, levando o conteúdo, tanto da charge de humor, quanto do texto jornalístico, quanto da decisão judicial a um evento ocorrido no passado, portanto.

Veja que estas simples constatações, nos levam a algumas conclusões importantes para pensar o ato de interpretação de textos, tais como o fato de todos eles desenvolverem uma ideia por meio de <u>categorias de tempo, espaço e pessoa</u>, senão vejamos:

Texto I –

Categoria de pessoa – 3 personagens (mensaleiros);

Categoria de espaço – cela de presídio;

Categoria de tempo – presume-se que após a condenação dos personagens.

Texto II –

Categoria de pessoa – apresenta diversos personagens, tais como o juiz da Vara de Execuções Penais e os condenados a cumprimento de pena em regime semiaberto.

Categoria de espaço – o texto nomeia o local onde os presos cumprirão regime semiaberto "na mesma cela" (Centro de Internamento e Reeducação [CIR])

Categoria de tempo – o texto relata fato que ainda irá ocorrer, posterior, portanto, à entrevista concedida pelo juiz da Vara de Execuções Penais.

Texto III –

Categoria de pessoa – o texto destacado tem como personagem o réu José Dirceu e o Ministro Marco Aurélio (que fala em primeira pessoa do singular).

Categoria de espaço – por se tratar de decisão judicial, presume-se sua ocorrência em um Tribunal (STF).

Categoria de tempo – o texto transcorre em concomitância com o ato que descreve.

A apreensão pelo intérprete do pano de fundo por meio do qual qualquer texto pode ser produzido já é o primeiro passo para o refinamento de sua capacidade de interação com discursos em geral.

O leitor, em um primeiro momento, pode estranhar o uso do termo 'personagens' para fazer alusão a pessoas que 'existem no mundo real', uma vez que o uso daquele termo é próprio para se referir a textos literários em geral, que narram algo ocorrido em um 'mundo fictício'.

Importante alertar, no entanto, que, embora haja diferenças evidentes entre os chamados 'discursos da vida' e 'discursos da arte', fato é que os textos, sejam eles quais forem, devem ser analisados sobre os mesmos aspectos, haja vista que, mesmo em um texto jornalístico ou jurídico, sujeitos presentes no mundo natural são 'capturados' pela instância da enunciação (pelo autor do texto, se preferir) e tornados actantes (personagens) do enunciado a seguir produzido.

2. ESTRUTURA SINTÁTICA E ESTRUTURA SEMÂNTICA

Para além da percepção de categorias de pessoa, espaço e tempo, se abstrairmos um pouco mais, podemos compreender a forma de construção dos textos. Perceba que há sempre uma relação indissociável entre um *plano de expressão* e de um *plano de conteúdo*.

No texto I, por se tratar de uma charge de humor, o plano de expressão fica evidenciado pelos elementos pictóricos que remetem a seres e coisas do mundo natural, vale dizer, não exatamente como elas são, mas da forma como são representados pela instância da enunciação.

Fixando agora nos textos verbais, podemos notar uma *estrutura sintática* e uma *estrutura semântica*:

- ▸ ***uma estrutura sintática***: perceba que o texto possui uma organização e fluência lógica de progressão de enunciados, o que é marcado pela estrutura dos parágrafos, pelas relações entre termos da oração, pela temporalização adequadamente manejada pelos verbos e a aspectualização providenciada pelos advérbios, etc.

- ▸ ***uma estrutura semântica***: sobre a estrutura sintática – que dá forma ao texto – é possível notar que flui uma estrutura que se ocupa da cadência de sentido, que opera sobre determinado tema geral (corrupção, reprimenda penal) e que figurativiza a ocorrência com "coisas do mundo" (casa de detenção, presos, magistrados).

Concluindo:

A compreensão e redação de textos é assentada em:

- uma **estrutura sintática** – <u>termos da oração</u> e <u>relações entre períodos e parágrafos</u>;

- Uma **estrutura semântica** – <u>encadeamento e reiteração de sentido</u>.

Pode parecer pouco, mas destas simples constatações, é possível progredir para conceitos fundamentais que vão gerenciar todos os temas necessários para a construção de uma sólida preparação para que a relação do candidato com o texto possa render os frutos que espera.

3. INTERDISCURSIVIDADE, INTERTEXTUALIDADE E SIGNIFICAÇÃO

Aqui, centralizamos os esforços para a compreensão e posterior interpretação de textos de Exame de Ordem. De todo modo, para tais tipos de textos, com já foi dito, todos os elementos da teoria geral da interpretação devem ser utilizados.

O que foi dito na primeira parte deste livro ao tratar da teoria da linguagem pode ser utilizado também no que se refere à teoria do discurso, ou seja, para a compreensão do fenômeno da produção textual é necessário admitir que os discursos que circulam em sociedade independem das pessoas que os produzem e das eventuais relações destes com o mundo natural. Desta maneira estamos aptos a imergir, definitivamente em um admirável mundo novo, construído unicamente pela linguagem, mundo este em que o sentido circula livremente por entre as produções textuais das mais diversas origens, naturezas e áreas do saber. A isto, em teoria do discurso, chamamos *interdiscursividade*.

4. INTERDISCURSIVIDADE

Os textos desenvolvem relações entre si, sendo certo que, embora apresentem formatos diferentes, por vezes tratam de temas semelhantes. É o caso dos enunciados que analisamos anteriormente e das doutrinas que lemos ao longo do Curso de Direito e suas relações com a legislação, jurisprudência, etc.

Ao invés de nos questionarmos o que veio primeiro – se a legislação, a doutrina ou a jurisprudência – é mais produtivo considerarmos que é da inter-relação entre estes diversos enunciados que vemos surgir o discurso jurídico, orbitando todos eles em torno dos assuntos que mantêm em comum: ordem, poder, dever, etc.

Vale dizer, os textos estabelecem relações entre si, que podem estar marcadas em sua superfície ou encrustadas em sua composição profunda, de onde advêm as noções de intertextualidade e interdiscursividade.

Antes de tratarmos especificamente a respeito de cada uma delas, agora que já foi esclarecido que textos estabelecem relações entre si, vale mencionar noções elementares de análise do discurso, tais como universo, campo e espaço discursivo:

    a) Universo discursivo é o conjunto de todas as formações discursivas possíveis, que interagem entre si e que, em que pese sua finitude, não é possível e até mesmo seria de pouca utilidade inventariá-los, uma vez que a importância de sua delimitação está mais na possibilidade de, a partir daí, distinguir entre os possíveis campos discursivos. Compõem o universo discursivo todos os textos que circulam em sociedade, quer sejam jornalísticos, literários, jurídicos, etc.

    b) Campo discursivo, por sua vez, compõe um conjunto de formações discursivas que estabelecem entre si relação de concorrência, como é o caso do exemplo já utilizado das legislações, jurisprudências e doutrinas que tratam do mesmo ramo do direito.

Retomando o exemplo do caso do *mensalão*, todos os textos estão relacionados, dentro do mesmo 'campo discursivo', que envolve discursos políticos e jurídicos em geral.

    c) Dentro deste campo determinado, operou-se a aproximação de textos que ocupam o mesmo lugar discursivo, cada um a seu modo e pudemos verificar, naquela altura, as aproximações possíveis entre os textos, que dialogam entre si.

Ora, nos três textos que analisamos, é evidente a relação que mantêm mutuamente, sendo que a charge de humor e o texto jornalístico fazem referência à decisão judicial e, constitutivamente, dão voz aos Ministros do STF, reverberando as consequências da sentença condenatória em análise.

Não precisa ir muito longe para supor que, do mesmo modo, as charges de humor veiculadas na internet e em revistas e jornais de grande circulação naquele período, tiveram grande influência na decisão do caso, pois, invariavelmente, procuravam demonstrar aos Ministros a insatisfação da população em geral em relação ao tema objeto de referido julgamento.

E o mesmo ocorre quando o estudante de direito estuda, por exemplo, o tema /casamento/ analisando o texto jurídico, buscando também ajuda dos dizeres de determinado doutrinador a este respeito e, por fim, pesquisando o que a jurisprudência vem dizendo sobre as polêmicas interpretativas envolvendo o casamento, sob o ponto de vista jurídico.

5. INTERTEXTUALIDADE

Cabe advertir que o que se falou sobre interdiscursividade dá conta de explicar o fato da origem dos discursos ser da ordem do social, ou seja, os textos não surgem por geração espontânea do interior do seu enunciador, mas são fruto da relação que este estabelece – com o uso de sua *razão* – com os textos com os quais toma contato e, a partir daí, produz enunciado de sua autoria que dialoga com os demais discursos que tratam do mesmo tema.

Assim, por mais que um texto pareça original, único, fato é que ele sempre se relaciona com outros que circulam em sociedade. Chamamos de *intertextualidade* relações explícitas entre textos, geralmente representados por **citações** e **paráfrases**. A diferença entre os dois modos de citação do discurso alheio é que o primeiro dá voz diretamente ao discurso do outro, separando-o do resto do texto por meio de pontuação (aspas), ao passo que a paráfrase é mecanismo pelo qual se faz alusão ao texto alheio, havendo sua apropriação por meio de reconstrução sintática.

Na área jurídica, acostumamo-nos a manter contato com textos que deixam evidente a relação com o discurso alheio, quer seja por meio de citações – que abundam em Manuais de todas as áreas do direito, quando se dá voz a diversos autores que tratam do tema, bem como por meio de paráfrases – muito comum, sobretudo, em Manuais de Direito Processual, em que o autor simplesmente parafraseia o texto legal para construir seu próprio texto.

No Exame de Ordem, basicamente, trabalhamos com relações intertextuais envolvendo: o <u>enunciado</u> oferecido pelo avaliador, o qual devemos relacionar com a <u>legislação</u> disponível acerca da espécie, bem como com a <u>jurisprudência</u> consolidada a esse respeito (súmulas, orientações jurisprudenciais, decisões com efeitos vinculantes, etc.)

6. TÉCNICAS DE INTERPRETAÇÃO DE TEXTOS NARRATIVOS

Estabelecidas as premissas iniciais e indispensáveis para inserir o intérprete em sua tarefa de depreender o sentido dos textos, propõe-se, a seguir, em nome da didática, separar o modo pelo qual podemos empreender leitura produtiva de textos narrativos em geral, que são o modo pelo qual o Avaliador de Exame de Ordem expõe os enunciados a fim de que o candidato lhes dê o encaminhamento jurídico adequado.

Perceba que o ato interpretativo desdobra-se em duas etapas:

- a primeira consiste em *compreender* aquilo que está escrito no enunciado em todos os seus detalhes, o que é fundamental para que se passe à próxima etapa;
- a segunda etapa consiste em estar apto a *inferir* a partir do texto as respostas às indagações elaboradas pelo Avaliador.

Ao longo de nossa atividade docente, nota-se que os candidatos, muitas vezes, deixam de conseguir aprovação na Segunda Fase do Exame de Ordem não por falta de conhecimento jurídico, ou por não saber as peças jurídicas de determinada área jurídica, mas simplesmente porque, afoitos e ansiosos para terminarem logo a prova, **simplesmente não leem e organizam com atenção o que descrito no Enunciado!**

Por esta razão, é de nossa experiência prática que apresentamos, a seguir, duas técnicas simples porém muito eficazes a fim de evitar que você cometa o mesmo engano e coloque a preparação de anos e anos em jogo por pura falta de preparo e organização. Lembre-se: a prova tem 5 (cinco) horas de duração. Cada coisa a seu tempo.

6.1. Técnica 1 – Fragmentação do Enunciado

Toda narrativa desenvolve-se por meio de uma transformação de estados, graças a ações tomadas por um sujeito em busca de determinada realização a que se dispõe a concluir, chegando final de sua jornada, às vezes com êxito, às vezes não.

Observe a matéria jornalística abaixo:

> *Quadrilha assalta joalheria e troca tiros com a polícia; três foram presos*
>
> *Crime ocorreu em shopping de Praia Grande. Parte do grupo conseguiu fugir.*
>
> *Seguranças foram acionados e a polícia chegou a tempo de cercar quadrilha.*
>
> *Três homens foram presos após assaltar uma joalheria no começo da noite desta segunda-feira (1°) em* Praia Grande, *no litoral de São Paulo. Uma quadrilha chegou à loja, que fica localizada dentro do Litoral Plaza Shopping, e quebrou o vidro do estabelecimento e roubou diversas joias. Parte do grupo conseguiu escapar.*
>
> *Os seguranças foram acionados e a polícia chegou a tempo de cercar a quadrilha no estacionamento do shopping center. Em seguida, os criminosos e os agentes da polícia trocaram tiros e três homens acabaram sendo presos.*
>
> *Uma parte do grupo conseguiu escapar do local e a polícia investiga seu paradeiro. Ainda não se sabe se os criminosos que fugiram conseguiram escapar com as joias e quanto foi o prejuízo.*
>
> *De acordo com informações da assessoria de imprensa do Litoral Plaza Shopping, ninguém ficou ferido.*

(http://g1.globo.com/sp/santos-regiao/noticia/2016/08/quadrilha-assalto-joalheria-e-troca-tiros-com-policia-tres-foram-presos.html)

Este texto jornalístico servirá perfeitamente aos nossos propósitos. Mas, de todo modo, cabe a advertência que, por se tratar de uma técnica advinda de uma prática científica, ela serviria para analisar *qualquer tipo de narrativa* – o que restará demonstrado quando utilizarmos o mesmo modelo de análise aplicado a Enunciado de Exame de Ordem.

A narrativa trata da ação de assaltantes (personagens) que praticam determinada ação (roubo) com a finalidade de alcançar determinado objetivo (apropriarem-se de joias); no curso desta ação, algo vai mal, os seguranças (personagens) são acionados e a polícia (personagem) chega ao local e pratica ação contrária ao interesse dos assaltantes (cercam a quadrilha no estacionamento e põe fim à ocorrência).

Deste modo, com base nas ações dos personagens centrais e dos antagonistas destes personagens, podemos fragmentar o texto nas seguintes etapas:

ETAPA 1 – quadrilha chega à loja de joias no shopping center;

ETAPA 2 – quadrilha quebra o vidro da loja e rouba diversas joias;

ETAPA 3 – quadrilha tenta escapar;

ETAPA 4 – seguranças são acionados e chamam a polícia;

ETAPA 5 – polícia chega ao local e cercam a quadrilha;

ETAPA 6 – assaltantes e policiais trocam tiros;

ETAPA 7 – alguns assaltantes conseguem escapar e a polícia prende 3 deles.

Veja que, aplicando esta técnica é possível ler o texto com a atenção necessária para compreender cada passo das ações descritas na narrativa da matéria jornalística. Este é o primeiro passo para se distanciar de uma leitura *leiga* de texto, partindo para uma *análise de conteúdo* de determinada produção textual.

6.1.1. Técnica 1 – Fragmentação do Enunciado de Exame de Ordem

Como dissemos no início deste tópico, tratando-se de um modelo científico de análise, se serviu para texto jornalístico tem de servir também para enunciado da peça prático-profissional de Exame de Ordem. Vejamos:

> *"Gustavo ajuizou, e face de seu vizinho Leonardo, ação com pedido de indenização por dano material suportado em razão de ter sido atacado pelo cão pastor alemão de propriedade do vizinho. Segundo relato do autor, o animal, que estava desamarrado dentro do quintal de Leonardo, o atacara, provocando-lhe corte profundo na face. Em consequência do ocorrido, Gustavo alegou ter gasto R$3 mil em atendimento hospitalar e R$2 mil em medicamentos. Os gastos hospitalares foram comprovados por meio de notas fiscais emitidas pelo hospital em que Gustavo fora atendido, entretanto este não apresentou os comprovantes fiscais relativos aos gastos com medicamentos, alegando ter-se esquecido de pegá-los na farmácia. Leonardo, devidamente citado, apresentou contestação, alegando que o ataque ocorrera por provocação de Gustavo, que jogava pedras no cachorro. Alegou, ainda, que, ante a falta de comprovantes, não poderia ser computado na indenização o valor gasto com medicamentos. Houve audiência de instrução e julgamento, na qual as testemunhas ouvidas declararam que a mureta da casa de Leonardo media cerca de um metro e vinte centímetros e que, de fato, Gustavo atirava pedras no animal antes do evento lesivo. O juiz da 40ª Vara Cível de Curitiba proferiu sentença condenando Leonardo a indenizar Gustavo pelos danos materiais, no valor de R$5 mil, sob o argumento de que o proprietário do animal falhara em seu dever de guarda e por considerar razoável a quantia que o autor alegara ter gasto com medicamentos. Pelos danos morais decorrentes dos incômodos evidentes em razão do fato, Leonardo foi condenado a pagar indenização no valor de R$6 mil. A sentença foi publicada em 12/1/2009. Após uma semana, Leonardo, não se conformando com a sentença, procurou advogado. Em face da situação hipotética apresentada, na qualidade de advogado(a) contratado(a) por Leonardo, elabore a peça processual cabível para a defesa dos interesses de seu cliente".*

Como podemos notar, estamos, mais uma vez, diante de uma narrativa, em que se conta a história de um personagem que vivia tranquilamente em sua residência, quando foi atacado pelo cãozinho de seu vizinho, que lhe ocasionou lesão profunda na face; por este motivo, o personagem aciona judicialmente seu antagonista e, a partir daí, há um desenrolar de um processo judicial na esfera cível com a prática de diversos atos.

Perceba que não temos interesse, ao menos nos domínios deste Livro, em tratar de aspectos de Direito Material e Processual, apenas facilitar a organização da narrativa do enunciado. Mas é inegável que aliando esta técnica com a construção de uma linha do tempo processual, dificilmente o candidato deixará de acertar a peça processual cabível.

Portanto, vamos fragmentar a narrativa e testar a eficácia do modelo de análise:

ETAPA 1 – Gustavo é atacado por cão do vizinho, Leonardo, e sofre corte profundo no rosto;

ETAPA 2 – Gustavo, em face do ataque teve despesas com hospital e medicamentos;

ETAPA 3 – Gustavo propõe ação judicial de indenização por danos materiais em face de Leonardo alegando que o cão estava solto no quintal quando o atacou;

ETAPA 4 – Leonardo, devidamente citado, oferece contestação nos autos do processo alegando sua versão dos fatos (*que o ataque ocorrera por provocação de Gustavo, que jogava pedras no cachorro*);

ETAPA 5 – É realizada audiência na qual são ouvidas testemunhas as quais declaram que *a mureta da casa de Leonardo media cerca de um metro e vinte centímetros e que, de fato, Gustavo atirava pedras no animal antes do evento lesivo*;

ETAPA 6 – Juiz sentencia a causa e julga procedente o pedido de Gustavo, condenando Leonardo *a indenizar Gustavo pelos danos materiais, no valor de R$5 mil, sob o argumento de que o proprietário do animal falhara em seu dever de guarda e por considerar razoável a quantia que o autor alegara ter gasto com medicamentos. Pelos danos morais decorrentes dos incômodos evidentes em razão do fato, Leonardo foi condenado a pagar indenização no valor de R$6 mil.*

ETAPA 7 – Houve publicação da sentença e *Após uma semana, Leonardo, não se conformando com a sentença, procurou advogado.*

(...) e a narrativa continua com a participação do candidato na narrativa, a partir da seguinte proposta do Enunciado:

ETAPA 8 – *Em face da situação hipotética apresentada, na qualidade de advogado (a) contratado (a) por Leonardo, elabore a peça processual cabível para a defesa dos interesses de seu cliente.*

Viram como a técnica funcionou perfeitamente na narrativa de Exame de Ordem? Para além disso, repararam como, ao invés de uma leitura atrapalhada, foi possível organizar perfeitamente o curso da ação da narrativa e que, no mínimo isto serviu para:

– atentar-se a todos os aspectos que envolvem os fatos narrados, inclusive depreendendo uma incoerência narrativa entre o que fora pedido por Gustavo (indenização por danos materiais) e o que foi concedido pelo Juiz (indenização por danos materiais e morais);

– que a fragmentação da narrativa permitiu ao candidato detectar que os eventos adentraram à esfera processual, chegando até a prolação de sentença.

Aí, alinhando esta técnica com a linha do tempo processual, reparando que passaram-se 10 (dez) dias da publicação da sentença (portanto, embargos de declaração está fora), fica fácil de concluir, com toda certeza, que deverá ser manejado recurso de apelação atacando a decisão judicial. Para maiores detalhes, busque informação com os especialistas em Direito Civil e Processual Civil, especialmente no que tange às provas produzidas e sua apreciação pelo juízo.

! **DESAFIO – DESAFIAMOS VOCÊ A APLICAR A MESMA TÉCNICA EM ENUNCIADO DE EXAME DE ORDEM DA ÁREA EM QUE PRETENDE PRESTÁ-LO:**

DIREITO CIVIL

> *@(VIII EXAME UNIFICADO – OAB – FGV – 2012)*
>
> *PEÇA PRÁTICO-PROFISSIONAL*
>
> *Norberto da Silva, pessoa desprovida de qualquer bem material, adquiriu de terceiro, há nove anos e meio, posse de terreno*

medindo 240m² em área urbana, onde construiu moradia simples para sua família. O terreno está situado na Rua Cardoso Soares nº 42, no bairro de Lírios, na cidade de Condonópolis, no estado de Tocantins. São seus vizinhos do lado direito Carlos, do esquerdo Ezequiel e, dos fundos, Edgar. A posse é exercida ininterruptamente, de forma mansa e pacífica, sem qualquer oposição.

No último ano, o bairro passou por uma acelerado processo de valorização devido à construção de suntuosos projetos imobiliários. Em razão disso, Norberto tem sido constantemente sondado a se retirar do local, recebendo ofertas de valor insignificante, já que as construtoras alegam que o terreno sequer pertence a ele, pois está registrado em nome de Cândido Gonçalves.

Norberto não tem qualquer interesse em aceitar tais ofertas; ao contrário, com setenta e dois anos de idade, viúvo e acostumado com a vida na localidade, demonstra desejo de lá permanecer com seus filhos.

Por não ter qualquer documentação oficial que lhe resguarde o direito de propriedade do imóvel, Norberto procura um advogado a fim de que seja intentada medida judicial.

Elabore a peça processual cabível in caso, indicando os seus requisitos e fundamentos nos termos da legislação vigente.

DIREITO CONSTITUCIONAL

@(VIII EXAME UNIFICADO – OAB – FGV – 2012)

PEÇA PRÁTICO-PROFISSIONAL

Com fundamento na recente Lei n. 1.234, do Estado Y, que exclui as entidades de direito privado da Administração Pública do dever de licitar, o banco X (empresa pública daquele Estado) realiza a contratação direta de uma empresa de informática – a Empresa W – para atualizar os sistemas do banco.

O caso vem a público após a revelação de que a empresa contratada pertence ao filho do presidente do banco e nunca prestou tal serviço antes. Além disso, o valor pago (milhões de reais) *estava muito acima do preço de mercado do serviço em outras empresas.*

José, cidadão local, ajuíza ação popular em face do Presidente do banco X e da empresa W perante o Juízo de 1ª instância da capital do Estado Y, em que pleiteia a declaração de invalidade do ato de contratação e o pagamento das perdas e danos, ao fundamento de violação ao art. 1º, parágrafo único da Lei n. 8.666/1993 (norma geral sobre licitação e contratos) e a diversos princípios constitucionais.

A sentença, entretanto, julgou improcedente o pedido formulado na petição inicial, afirmando ser válida a lei estadual que autoriza a contratação direta, sem licitação, pelas entidades de direito privado da Administração Pública, analisada em face da lei federal, não considerando violados os princípios constitucionais invocados. José interpõe recurso de apelação, ao qual se negou provimento, por unanimidade, pelo mesmo fundamento levantado na sentença.

Dez dias após a publicação da decisão que rejeitou os seus embargos declaratórios, José procura um advogado para assumir a causa e ajuizar a medida adequada.

Na qualidade de advogado, elabore a peça cabível, observando todos os requisitos formais e a fundamentação pertinente ao tema.

DIREITO DO TRABALHO

@(VIII EXAME UNIFICADO – OAB – FGV – 2012)

PEÇA PRÁTICO-PROFISSIONAL

Refrigeração Nacional, empresa de pequeno porte, contrata os serviços de um advogado em virtude de uma reclamação trabalhista movida pelo ex-empregado Sérgio Feres, ajuizada em 12.04.2012 e que tramita perante a 90ª Vara do Trabalho de Campinas (número 1598-73.2012.5.15.0090), na qual o trabalhador alega e requer, em síntese:

– que desde a admissão, ocorrida em 20.03.2006, sofria revista íntima na sua bolsa, feita separadamente e em sala reservada, que entende ser ilegal porque violada a sua intimidade. Requer o pagamento de indenização por dano moral de R$ 50.000,00.

– que uma vez o Sr. Mário, seu antigo chefe, pessoa meticulosa e sistemática, advertiu verbalmente o trabalhador, na frente dos demais colegas, porque ele havia deixado a blusa para fora da calça, em desacordo com a norma interna empresarial, conhecida por todos. Efetivamente houve esquecimento por parte de Sérgio Feres, como reconheceu na petição inicial, mas entende que o chefe não poderia agir publicamente dessa forma, o que caracteriza assédio moral e exige reparação. Requer o pagamento de indenização pelo dano moral sofrido na razão de outros R$ 50.000,00.

– que apesar de haver trabalhado em turno ininterrupto de revezamento da admissão à dispensa, ocorrida em 15.05.2011, se ativava na verdade durante 8 horas em cada plantão, violando a norma constitucional de regência, fazendo, assim, jus a duas horas extras com adicional de 50% por dia de trabalho, o que requer. Reconhece existir norma coletiva que estendeu a jornada para 8 horas, mas advoga que ela padece de nulidade insanável, pois aniquila seu direito constitucional a uma jornada menor.

– no período aquisitivo 2008/2009 teve 18 faltas, sendo 12 delas justificadas. Pretendia transformar 10 dias das férias em dinheiro, como entende ser seu direito, mas o empregador só permitiu a conversão de oito dias, o que se revela abusivo por ferir a norma cogente. Por conta disso, deseja o pagamento de dois dias não convertidos em pecúnia, com acréscimo de 1/3.

– nas mesmas férias citadas no tópico anterior, fruídas no mês de julho de 2010, tinha avisado ao empregador desde o mês de março de 2010 que gostaria de receber a 1ª parcela do 13º salário daquele ano juntamente com as férias, para poder custear uma viagem ao exterior, mas isso lhe foi negado. Entende que esse é um direito potestativo seu, que restou violado, pelo que persegue o pagamento dos juros e correção monetária da 1ª parcela do 13º salário no período compreendido entre julho de 2010 (quando aproveitou as férias) e 30.11.2010 (quando efetivamente recebeu a 1ª parcela da gratificação natalina).

– que no mês de novembro de 2007 afastou-se da empresa por 30 dias em razão de doença, oportunidade na qual recebeu benefício do INSS (auxílio-doença previdenciário, espécie B–31). Contudo, nesse período não recebeu ticket refeição nem vale transporte, o que considera irregular. Persegue, assim, ambos os títulos no lapso em questão.

– que a empresa sempre pagou os salários no dia 2 do mês seguinte ao vencido, mas a partir de abril de 2009, unilateralmente, passou a quitá-los no dia 5 do mês seguinte, em alteração reputada maléfica ao empregado.

Requer, em virtude disso, a nulidade da novação objetiva e o pagamento de juros e correção monetária entre os dias 2 e 5 de cada mês, no interregno de abril de 2009 em diante.

Considerando que todos os fatos apontados pelo trabalhador são verdadeiros, apresente a peça pertinente à defesa dos interesses da empresa, sem criar dados ou fatos não informados.

DIREITO EMPRESARIAL

@(VIII EXAME UNIFICADO – OAB – FGV – 2012)

PEÇA PRÁTICO-PROFISSIONAL

Em 29/01/2010, ABC Barraca de Areia Ltda. ajuizou sua recuperação judicial, distribuída à 1ª Vara Empresarial da Comarca da Capital do Estado do Rio de Janeiro.

Em 03/02/2010, quarta-feira, foi publicada no Diário de Justiça Eletrônico do Rio de Janeiro ("DJE-RJ") a decisão do juiz que deferiu o processamento da recuperação judicial e, dentre outras providências, nomeou o economista João como administrador judicial da sociedade.

Decorridos 15 (quinze) dias, alguns credores apresentaram a João as informações que entenderam corretas acerca da classificação e do valor de seus créditos.

Quarenta e cinco dias depois, foi publicado, no DJE–RJ e num jornal de grande circulação, novo edital, contendo a relação dos credores elaborada por João.

No dia 20/04/2010, você é procurado pelos representantes de XYZ Cadeiras Ltda., os quais lhe apresentam um contrato de compra e venda firmado com ABC Barraca de Areia Ltda., datado de 04/12/2009, pelo qual aquela forneceu a esta 1.000 (mil) cadeiras, pelo preço de R$ 100.000,00 (cem mil reais), que deveria ter sido pago em 28/01/2010, mas não o foi.

Diligente, você verifica no edital mais recente que, da relação de credores, não consta o credor XYZ Cadeiras Ltda. E, examinando os autos em cartório, constata que o quadro–geral de credores ainda não foi homologado pelo juiz.

Na qualidade de advogado de XYZ Cadeiras Ltda., elabore a peça adequada para regularizar a cobrança do crédito desta sociedade.

DIREITO PENAL

@(VIII EXAME UNIFICADO – OAB – FGV – 2012)

PEÇA PRÁTICO–PROFISSIONAL

Leia com atenção o caso concreto a seguir:

Visando abrir um restaurante, José pede vinte mil reais emprestados a Caio, assinando, como garantia, uma nota promissória no aludido valor, com vencimento para o dia 15 de maio de 2010. Na data mencionada, não tendo havido pagamento, Caio telefona para José e, educadamente, cobra a dívida, obtendo do devedor a promessa de que o valor seria pago em uma semana.

Findo o prazo, Caio novamente contata José, que, desta vez, afirma estar sem dinheiro, pois o restaurante não apresentara o lucro esperado. Indignado, Caio comparece no dia 24 de maio de 2010 ao restaurante e, mostrando para José uma pistola que trazia consigo, afirma que a dívida deveria ser saldada imediata-

mente, pois, do contrário, José pagaria com a própria vida. Aterrorizado, José entra no restaurante e telefona para a polícia, que, entretanto, não encontra Caio quando chega ao local.

Os fatos acima referidos foram levados ao conhecimento do delegado de polícia da localidade, que instaurou inquérito policial para apurar as circunstâncias do ocorrido. Ao final da investigação, tendo Caio confirmado a ocorrência dos eventos em sua integralidade, o Ministério Público o denuncia pela prática do crime de extorsão qualificada pelo emprego de arma de fogo. Recebida a inicial pelo juízo da 5ª Vara Criminal, o réu é citado no dia 18 de janeiro de 2011.

Procurado apenas por Caio para representá-lo na ação penal instaurada, sabendo-se que Joaquim e Manoel presenciaram os telefonemas de Caio cobrando a dívida vencida, e com base somente nas informações de que dispõe e nas que podem ser inferidas pelo caso concreto acima, redija, no último dia do prazo, a peça cabível, invocando todos os argumentos em favor de seu constituinte.

DIREITO TRIBUTÁRIO

@(VIII EXAME UNIFICADO – OAB – FGV – 2012)
PEÇA PRÁTICO-PROFISSIONAL

A Construtora Segura Ltda. está sendo executada pela Fazenda Pública Municipal. Entretanto, a empresa havia proposto uma ação de consignação em pagamento, com relação ao mesmo débito apontado na CDA que dá fundamento à execução fiscal, tendo obtido ganho de causa, sendo certo que a sentença transitou em julgado.

Ocorre que a Fazenda Municipal, ao invés de levantar os valores consignados, permitindo a baixa do feito, propôs a execução, mesmo já tendo ocorrido a baixa da inscrição do débito na Dívida Ativa Municipal, determinada pela sentença na consignatória, que deu por cumprida a obrigação fiscal da empresa.

> *A Construtora Segura Ltda., expert na matéria, ingressou com exceção de pré-executividade, que foi liminarmente rejeitada, entendendo o Juiz que o tema deveria ser tratado em sede de embargos, após a segurança do Juízo.*
>
> *Prepare o recurso cabível da decisão que rejeitou a exceção de pré-executividade, fundamentando-o de forma completa, registrando toda a matéria de direito processual e material pertinente.*

6.2. Técnica 2 – Respondendo às 7 Perguntas da Narrativa

Outra técnica igualmente simples e eficaz para organizar enunciados narrativos é fazer com que respondam às perguntas que logicamente fazemos quando alguém nos conta uma história: O quê? Quem? Quando? Onde? Como? Por quê? Por isso?

A intuição racional que nos leva a formular estas perguntas homologa-se com ensinamentos que já passamos neste livro, especialmente sobre os textos narrativos se fundarem em categorias de pessoa, tempo e espaço:

– QUEM – categoria de pessoa

– QUANDO – categoria de tempo

– ONDE – categoria de lugar

– O QUÊ – o fato ocorrido

– COMO – a forma como ocorreu

– POR QUÊ – o motivo do ocorrido

– POR ISSO – a consequência do fato narrado

Observe o texto a seguir:

> *Avião da Emirates faz pouso forçado em Dubai; bombeiro morre*
>
> *300 pessoas foram retiradas da aeronave em segurança. Voos foram suspensos após o incidente.*

> *Um avião da companhia aérea Emirates fez um pouso forçado na manhã desta quarta-feira (3) no aeroporto de Dubai. Houve um incêndio, que foi contido posteriormente. Um bombeiro morreu enquanto tentava controlar as chamas e as 300 pessoas que estavam a bordo da aeronave foram retiradas em segurança.*
>
> *O voo EK521 da maior companhia do Oriente Médio tinha deixado o Aeroporto Internacional de Trivandrum, na Índia com 282 passageiros e 18 tripulantes. Dois brasileiros estavam no avião, mas a maioria dos passageiros era indiana (226).*
>
> *A empresa afirmou, em sua página no Facebook, que o pouso do avião estava previsto para acontecer às 12h50 no horário local (5h50, no horário de Brasília).*
>
> *Passageiros relataram que, minutos antes de o avião pousar no aeroporto, o piloto anunciou que ele teria que fazer uma aterrissagem de emergência. Segundo o jornal indiano Mathrubhumi News, o piloto mencionou um problema no trem de pouso, segundo a Deutsche Welle.*
>
> *Todos os voos foram suspensos após o incidente, mas quatro horas depois o aeroporto – que é um dos mais movimentados do mundo – reabriu.*

(http://g1.globo.com/mundo/noticia/2016/08/aviao-da-emirates-sofre-acidente-no-aeroporto-de-dubai.html)

– <u>O Quê?</u> Um avião da companhia Emirates fez um pouso forçado no Aeroporto de Dubai

– <u>Quem?</u> Avião voo EK521 da companhia Aérea Emirates

– <u>Onde?</u> No Aeroporto de Dubai

– <u>Quando?</u> Na manhã desta quarta-feira (3)

– <u>Como?</u> Minutos antes do avião pousar no aeroporto, o piloto anunciou que ele teria que fazer uma aterrissagem de emergência.

– <u>Por quê?</u> Segundo o jornal indiano Mathrubhumi News, o piloto mencionou um problema no trem de pouso, segundo a Deutsche Welle.

– Por isso? Houve um incêndio, que foi contido posteriormente. Um bombeiro morreu enquanto tentava controlar as chamas e as 300 pessoas que estavam a bordo da aeronave foram retiradas em segurança. Todos os voos foram suspensos após o incidente, mas quatro horas depois o aeroporto – que é um dos mais movimentados do mundo – reabriu.

Como se vê, esta técnica permite que se preste atenção nos detalhes da narrativa, ao passo que a técnica da fragmentação das ações auxilia a organizar os segmentos de transformações de estados na narrativa.

6.2.1. Técnica 2 – Respondendo às 7 perguntas e Enunciado de Exame de Ordem

As duas técnicas unidas são receita infalível para interpretar adequadamente os textos de Exame de Ordem.

Vejamos como funciona a técnica das 7 perguntas em Enunciado de Exame de Ordem e como ajuda a organizar elementos fundamentais da petição, tais como endereçamento, qualificação das partes, prazos, etc.

> *João utiliza todos os dias, para retornar do trabalho para sua casa, no Rio de Janeiro, o ônibus da linha "A", operado por Ômega Transportes Rodoviários Ltda. Certo dia, o ônibus em que João era passageiro colidiu frontalmente com uma árvore. A perícia concluiu que o acidente foi provocado pelo motorista da sociedade empresária, que dirigia embriagado. Diante disso, João propôs ação de indenização por danos materiais e morais em face de Ômega Transportes Rodoviários Ltda. O Juiz julgou procedentes os pedidos para condenar a ré a pagar a João a quantia de R$ 5.000,00 (cinco mil reais), a título de danos materiais, e mais R$ 2.500,00 (dois mil e quinhentos reais) para compensar os danos morais sofridos.*
>
> *Na fase de cumprimento de sentença, constatada a insolvência da pessoa jurídica para o pagamento de suas obrigações, o Juiz deferiu o pedido de desconsideração da personalidade jurídica, procedendo à penhora, que recaiu sobre o patrimônio dos sócios Y e Z. Diante disso, os sócios de Ômega Transportes Rodoviários*

> *Ltda. interpuseram agravo de instrumento, ao qual o Tribunal de Justiça, por unanimidade, deu provimento para reformar a decisão interlocutória e indeferir o requerimento, com fundamento nos artigos 2º e 28 do CDC (Lei nº 8.078/90), por não haver prova da existência de desvio de finalidade ou de confusão patrimonial.*
>
> *O acórdão foi disponibilizado no DJe em 05/05/2014 (segunda-feira), considerando-se publicado no dia 06/05/2014. Inconformado com o teor do acórdão no agravo de instrumento proferido pelo TJ/RJ, João pede a você, na qualidade de advogado, a adoção das providências cabíveis.*
>
> *Sendo assim, redija o recurso cabível (excluída a hipótese de embargos de declaração), no último dia do prazo, tendo por premissa que todas as datas acima indicadas são dias úteis, assim como o último dia para interposição do recurso.* ***(Valor: 5,00)***

Em primeiro lugar, para compor as duas técnicas, vamos começar pela fragmentação das ações do enunciado:

1. João utiliza ônibus todos os dias para ir do trabalho para casa;
2. Ônibus em que estava João colidiu com uma árvore;
3. Acidente causado por motorista embriagado;
4. João propõe ação de indenização por danos morais e materiais;
5. Juiz julgou a ação procedente;
6. Na ação de cumprimento de sentença fica caracterizada a insolvência da Pessoa Jurídica;
7. Juiz determina a penhora de patrimônio de sócios;
8. Sócios interpõem agravo de instrumento;
9. Tribunal de Justiça dá provimento ao agravo de instrumento;
10. Você é procurado por João para tomar providência jurídica.

Agora vamos aplicar a técnica das 7 perguntas. Preste atenção: estamos nos domínios das ciências humanos, portanto não siga estas técnicas tal como uma equação matemática, siga aquilo que parece mais relevante no texto e coloque as perguntas na ordem que lhe for favorecer, posteriormente, a redação da peça prático-profissional.

– O quê?

João sofreu danos em virtude de colisão de ônibus, no qual voltava do trabalho para casa, com uma árvore e, tendo sofrido lesões, ingressou com ação para ressarcimento por danos materiais e morais. A ação foi julgada procedente, mas, na fase de cumprimento de sentença, houve reforma da decisão de primeira instância que determinava a desconsideração da personalidade jurídica e penhora de patrimônio dos sócios X e Y, em virtude da insolvência da empresa.

– Como?

A decisão foi reformada por acórdão transitado em julgado proferido em agravo de instrumento interposto por X e Y.

– Por quê?

O Tribunal entendeu, por unanimidade, com fundamento nos artigos 2º e 28 do CDC (Lei nº 8.078/90), que não houve prova da existência de desvio de finalidade ou de confusão patrimonial, não se justificando a desconsideração da personalidade jurídica.

– Por isso?

João procura você como advogado para intentar a medida judicial adequada para a salvaguarda dos interesses do cliente.

– Quem?

João (autor da ação/agravado); Ômega Transportes Rodoviários Ltda. (ré da ação); X e Y (agravantes); Juiz e Tribunal de Justiça.

– Quando?

Acórdão publicado em 05/05/2014 (segunda-feira).

– Onde?

Rio de Janeiro.

Neste caso, as perguntas sobre pessoa, tempo e espaço foram colocadas ao final a fim de facilitar a elaboração do preâmbulo da peça jurídica a ser redigida, até mesmo porque o enunciado pede para que o recurso seja interposto no último dia do prazo, merecendo destaque este aspecto da narrativa. Já a resposta à pergunta COMO esclarece que trata-se de acórdão em agravo de instrumento que deverá ser atacado, ao passo que as respostas a O QUÊ e POR QUÊ ajudam a prestar atenção nos fatos que envolvem a demanda e a fundamentação do acórdão a ser guerreado pelo candidato de Exame de Ordem.

> **! DESAFIO – APLIQUE A TÉCNICA DAS 7 PERGUNTAS NO ENUNCIADO DE EXAME DE ORDEM DE SUA ÁREA DE ESCOLHA**

DIREITO ADMINISTRATIVO

Marcos Silva, aluno de uma Universidade Federal, autarquia federal, inconformado com a nota que lhe fora atribuída em uma disciplina do curso de graduação, abordou a professora Maria Souza, servidora pública federal, com um canivete em punho e, em meio a ameaças, exigiu que ela modificasse sua nota. Nesse instante, a professora, com o propósito de repelir a iminente agressão, conseguiu desarmar e derrubar o

aluno, que, na queda, quebrou um braço. Diante do ocorrido, foi instaurado Processo Administrativo Disciplinar (PAD), para apurar eventual responsabilidade da professora. Ao mesmo tempo, a professora foi denunciada pelo crime de lesão corporal. Na esfera criminal, a professora foi absolvida, vez que restou provado ter agido em legítima defesa, em decisão que transitou em julgado. O processo administrativo, entretanto, prosseguiu, sem a citação da servidora, pois a Comissão nomeada entendeu que a professora já tomara ciência da instauração do procedimento por meio da imprensa e de outros servidores. Ao final, a Comissão apresentou relatório pugnando pela condenação da servidora à pena de demissão. O PAD foi encaminhado à autoridade competente para a decisão final, que, sob o fundamento de vinculação ao parecer emitido pela Comissão, aplicou a pena de demissão à servidora, afirmando, ainda, que a esfera administrativa é autônoma em relação à criminal. Em 10/04/2015, a servidora foi cientificada de sua demissão, por meio de publicação em Diário Oficial, ocasião em que foi afastada de suas funções, e, em 10/09/2015, procurou seu escritório para tomar as medidas judiciais cabíveis, informando, ainda, que, desde o afastamento, está com sérias dificuldades financeiras, que a impedem, inclusive, de suportar os custos do ajuizamento de uma demanda.

Como advogado(a), elabore a peça processual adequada para amparar a pretensão de sua cliente, analisando todos os aspectos jurídicos apresentados.

DIREITO CIVIL

Antônio Augusto, ao se mudar para seu novo apartamento, recém-comprado, adquiriu, em 20/10/2015, diversos eletrodomésticos de última geração, dentre os quais uma TV de LED com sessenta polegadas, acesso à Internet e outras facilidades, pelo preço de R$ 5.000,00 (cinco mil reais). Depois de funcionar perfeitamente por trinta dias, a TV apresentou superaquecimento que levou à explosão da fonte de energia do equipamento, provocando danos irreparáveis a todos os aparelhos eletrônicos que estavam conectados ao televisor. Não obstante a reclamação que lhes foi apresentada em 25/11/2015, tanto o fabricante (MaxTV S.A.) quanto o comerciante de quem o produto fora adquirido (Lojas de Eletrodomésticos Ltda.) permaneceram inertes, deixando de oferecer qualquer solução. Diante disso, em 10/03/2016, Antônio Augusto propôs ação perante Vara Cível em face tanto da fábrica do aparelho quanto da loja em que o adquiriu, requerendo: (i) a substituição do televisor por outro do mesmo modelo ou superior, em perfeito estado;(ii) indenização de aproximadamente trinta e cinco mil reais, correspondente ao valor dos demais aparelhos danificados; e (iii) indenização por danos morais, em virtude de a situação não ter sido solucionada em tempo razoável, motivo pelo qual a família ficou, durante algum tempo, sem usar a TV. O juiz, porém, acolheu preliminar de ilegitimidade passiva arguída, em contestação, pela loja que havia alienado a televisão ao au-

tor, excluindo-a do polo passivo, com fundamento nos artigos 12 e 13 do Código de Defesa do Consumidor. Além disso, reconheceu a decadência do direito do autor, alegada em contestação pelo fabricante do produto, com fundamento no Art. 26, inciso II, do CDC, considerando que decorreram mais de noventa dias entre a data do surgimento do defeito e a do ajuizamento da ação. A sentença não transitou em julgado.

Na qualidade de advogado(a) do autor da ação, indique o meio processual adequado à tutela do seu direito, elaborando a peça processual cabível no caso, excluindo-se a hipótese de embargos de declaração, indicando os seus requisitos e fundamentos nos termos da legislação vigente. **(Valor: 5,00)**

DIREITO CONSTITUCIONAL

Determinado partido político, que possui dois deputados federais e dois senadores em seus quadros, preocupado com a efetiva regulamentação das normas constitucionais, com a morosidade do Congresso Nacional e com a adequada proteção à saúde do trabalhador, pretende ajuizar, em nome do partido, a medida judicial objetiva apropriada, visando à regulamentação do Art. 7º, inciso XXIII, da Constituição da República Federativa do Brasil de 1988. O partido informa, por fim, que não se pode compactuar com desrespeito à Constituição da República por mais de 28 anos. Considerando a narrativa acima descrita, elabore a peça processual judicial objetiva adequada. **(Valor : 5,00)**

Obs.: o examinando deve fundamentar suas respostas. A mera citação do dispositivo legal não confere pontuação.

DIREITO DO TRABALHO

Você foi contratado(a) como advogado(a) pela sociedade empresária Sandália Feliz Ltda., que lhe exibe cópia de sentença prolatada pelo juízo da 50ª Vara do Trabalho de Vitória/ES (processo 123, movido por Valentino Garrido, brasileiro, solteiro, auxiliar de *estoque) e publicada no dia anterior, na qual o juiz reconheceu que, após o pagamento das verbas resilitórias, houve acordo e outro pagamento de R$ 2.000,00 perante uma Comissão de Conciliação Prévia (CCP) criada na empresa, sem ressalva, mas rejeitou a preliminar suscitada pela ré, compreendendo que a realização do acordo na CCP geraria como efeito único a dedução do valor pago ao trabalhador. Sobre o pedido de duas horas extras diárias, o juiz as deferiu porque foi confessada a sobrejornada pelo preposto, determinando, ainda, a sua integração nas demais verbas (13º salário, férias, FGTS e repouso semanal remunerado), e, em relação ao repouso semanal majorado pelas horas extras deferidas, sua integração no 13º salário e nas férias. O juiz deferiu outros 15 minutos de horas extras pela violação a artigo da CLT, que garante esse intervalo antes do início de sobrejornada. O juiz deferiu indenização por dano estético de R$ 5.000,00 porque o trabalhador caiu de uma alta escada existente no estoque e, com o violento impacto sofrido na queda, teve a perda funcional de um dos rins, conforme Comunicação de Acidente do Trabalho (CAT) emitida. O magistrado determinou que os juros observassem a Taxa Selic, conforme requerido na prefacial.*

Diante do que foi exposto, elabore a medida judicial adequada para a defesa dos interesses da sociedade empresária. As custas foram fixadas em R$ 200,00 sobre o valor arbitrado à condenação de R$ 10.000,00.

(Valor: 5,00)

DIREITO EMPRESARIAL

Cimbres Produtora e Exportadora de Frutas Ltda. aprovou em assembleia de sócios específica, por unanimidade, a propositura de medida judicial para evitar a decretação de sua falência, diante do gravíssimo quadro de crise de sua empresa. O sócio controlador João Alfredo, titular de 80% do capital social, instruiu o administrador Afrânio Abreu e Lima a contratar os serviços profissionais de um advogado.

A sociedade, constituída regularmente em 1976, tem sede em Petrolina/PE e uma única filial em Pilão Arcado/BA, local de atividade inexpressiva em comparação com a empresa desenvolvida no lugar da sede.

O objeto social é o cultivo de frutas tropicais em áreas irrigadas, o comércio atacadista de frutas para distribuição no mercado interno e a exportação para a Europa de dois terços da produção. Embora a sociedade passe atualmente por crise de liquidez, com vários títulos protestados no cartório de Petrolina, nunca teve necessidade de impetrar medida preventiva à falência. O sócio João Alfredo e os administradores nunca sofreram condenação criminal. Na reunião profissional com o advogado para coleta de informações necessárias à propositura da ação, Afrânio informou que a crise econômica mundial atingiu duramente os países europeus da Zona do Euro, seu principal e quase exclusivo mercado consumidor. As quedas sucessivas no volume de exportação, expressiva volatilidade do câmbio nos últimos meses, dificuldades de importação de matérias-primas, limitação de crédito e, principalmente, a necessidade de dispensa de empregados e encargos trabalhistas levaram a uma forte retração nas vendas, refletindo gravemente sobre liquidez e receita. Assim, a sociedade se viu, com o passar dos meses da crise mundial, em delicada posição, não lhe restando outra opção, senão a de requerer, judicialmente, uma medida para viabilizar a superação desse estado de crise, vez que vislumbra maneiras de preservar a empresa e sua função social com a conquista de novos mercados no país e na América do Norte. A sociedade empresária, nos últimos três anos, como demonstra o relatório de fluxo de caixa e os balancetes trimestrais, foi obrigada a uma completa reestruturação na sua produção, adquirindo equipamentos mais modernos e insumos para o combate de pragas que também atingiram as lavouras. Referidos investimentos não

tiveram o retorno esperado, em razão da alta dos juros dos novos empréstimos, o que assolou a economia pátria, refletindo no custo de captação. Para satisfazer suas obrigações com salários, tributos e fornecedores, não restaram outras alternativas senão *novos empréstimos em instituições financeiras, que lhe cobraram taxas de juros altíssimas, devido ao maior risco de inadimplemento, gerando uma falta de capital de giro em alguns meses. Dentro desse quadro, a sociedade não dispõe, no momento, de recursos financeiros suficientes para pagar seus fornecedores em dia. O soerguimento é lento e, por isso, é indispensável a adoção de soluções alternativas e prazos diferenciados e mais longos, como única forma de evitar-se uma indesejável falência.*

Elabore a peça adequada e considere que a Comarca de Petrolina/PE tem cinco varas cíveis, todas com

competência para processar e julgar ações de natureza empresarial. **(Valor: 5,00)**

Obs.: o examinando deve fundamentar suas respostas. A mera citação do dispositivo legal não confere pontuação

DIREITO PENAL

No dia 24 de dezembro de 2014, na cidade do Rio de Janeiro, Rodrigo e um amigo não identificado foram para um bloco de rua que ocorria em razão do Natal, onde passaram a ingerir bebida alcoólica em comemoração ao evento festivo. Na volta para casa, ainda em companhia do amigo, já um pouco tonto em razão da quantidade de cerveja que havia bebido, subtraiu, mediante emprego de uma faca, os pertences de uma moça desconhecida que caminhava tranquilamente pela rua. A vítima era Maria, jovem de 24 anos que acabara de sair do médico e saber que estava grávida de um mês. Em razão dos fatos, Rodrigo foi denunciado pela prática de crime de roubo duplamente majorado, na forma do Art. 157, § 2º, incisos I e II, do Código Penal. Durante a instrução, foi juntada a Folha de Antecedentes Criminais de Rodrigo, onde constavam anotações em relação a dois inquéritos policiais em que ele figurava como indiciado e três ações penais que respondia na condição de réu, apesar de em nenhuma delas haver sentença com trânsito em julgado. Foram, ainda, durante a Audiência de

Instrução e Julgamento ouvidos a vítima e os policiais que encontraram Rodrigo, horas após o crime, na posse dos bens subtraídos. Durante seu interrogatório, Rodrigo permaneceu em silêncio. Ao final da instrução, após alegações finais, a pretensão punitiva do Estado foi julgada procedente, com Rodrigo sendo condenado a pena de 05 anos e 04 meses de reclusão, a ser cumprida em regime semiaberto, e 13 dias-multa. O juiz aplicou a pena-base no mínimo legal, além de não reconhecer qualquer agravante ou atenuante. Na terceira fase da aplicação da pena, reconheceu as majorantes mencionadas na denúncia e realizou um aumento de 1/3 da pena imposta. O Ministério Público foi intimado da sentença em 14 de setembro de 2015, uma segunda-feira, sendo terça-feira dia útil. Inconformado, o Ministério Público apresentou recurso de apelação perante o juízo de primeira instância,

acompanhado das respectivas razões recursais, no dia 30 de setembro de 2015, requerendo: i) O aumento da pena-base, tendo em vista a existência de diversas anotações na Folha de Antecedentes Criminais do acusado; ii) O reconhecimento das agravantes previstas no Art. 61, inciso II, alíneas 'h' e 'l', do Código Penal; iii) A majoração do quantum de aumento em razão das causas de aumentos previstas no Art. 157, §2º, incisos I e II, do Código Penal, exclusivamente pelo fato de serem duas as majorantes; iv) Fixação do regime inicial fechado de cumprimento de pena, pois o roubo com faca tem assombrado a população do Rio de Janeiro, causando uma situação de insegurança em toda a sociedade. A defesa não apresentou recurso. O magistrado, então, recebeu o recurso de apelação do Ministério Público e intimou, no dia 19 de outubro de 2015 (segunda-feira), sendo terça feira dia útil em todo o país, você, advogado(a) de Rodrigo, para apresentar a medida cabível.

Com base nas informações expostas na situação hipotética e naquelas que podem ser inferidas do caso concreto, redija a peça cabível, excluída a possibilidade de habeas corpus, no último dia do prazo, sustentando todas as teses jurídicas pertinentes. **(Valor: 5.00)**

DIREITO TRIBUTÁRIO

Zeta é uma sociedade empresária cujo objeto social é a compra, venda e montagem de peças metálicas utilizadas em estruturas de shows e demais eventos. Para o regular exercício de sua atividade, usualmente necessita transferir tais bens entre seus estabelecimentos, localizados entre diferentes municípios do Estado de São Paulo. Apesar de nessas operações não haver transferência da propriedade dos bens, mas apenas seu deslocamento físico entre diferentes filiais de Zeta, o fisco do Estado de São Paulo entende que há incidência de Imposto sobre Circulação de Mercadorias e Prestação de Serviços – ICMS nesse remanejamento. Diante da falta de recolhimento do imposto, o fisco já reteve por mais de uma vez, por seus Auditores Fiscais, algumas mercadorias que estavam sendo deslocadas entre as filiais, buscando, assim, forçar o pagamento do imposto pela sociedade empresária. Considere que, entre a primeira retenção e a sua constituição como advogado, passaram-se menos de dois meses. Considere, ainda, que todas as provas necessárias já estão disponíveis e que o efetivo pagamento do tributo, ou o depósito integral deste, obstaria a continuidade das operações da empresa que, ademais, não quer se expor ao risco de eventual condenação em honorários, no caso de insucesso na medida judicial a ser proposta. Com receio de sofrer outras cobranças do ICMS e novas retenções, e também pretendendo a rápida liberação das mercadorias já apreendidas, uma vez que elas são essenciais para a continuidade de suas atividades, a sociedade empresária Zeta o procura para, na qualidade de advogado, elaborar a petição cabível, ciente de que, entre a retenção e a constituição do advogado, há período inferior a 120 (cento e vinte) dias, e que, para a demonstração dos fatos, há a necessidade, apenas, de prova documental que lhe foi entregue.

(Valor: 5,00 pontos)

Obs.: o examinando deve fundamentar suas respostas. A mera citação do dispositivo legal não confere pontuação.

PARTE III
REDAÇÃO FORENSE – CONCEITOS E TÉCNICAS

Após a fase em que o candidato se envolve com o texto e o interpreta em toda sua profundidade, é chegada a hora de, enfim, redigir a peça jurídica para responder à situação hipotética proposta pelo avaliador.

1. PLANO BÁSICO DE COMUNICAÇÃO

Mais uma vez, ao invés de se apressar para começar a colocar tinta na folha de resposta, talvez seja o caso de você, mais uma vez, esperar alguns minutos e compreender o momento por meio de mais uma Teoria da Linguagem, conhecida como Plano Básico da Comunicação, concebida por Roman Jackson, que determina que o ato comunicacional é realizado com base em seis elementos:

Plano básico de comunicação de Jakobson

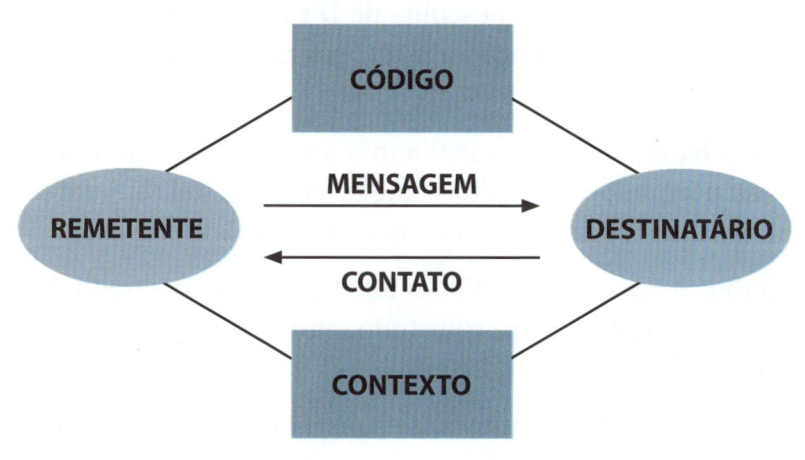

```
            CÓDIGO
              |
   REMETENTE ---MENSAGEM---> DESTINATÁRIO
             <---CONTATO---
              |
           CONTEXTO
```

ENUNCIADOR – Aquele que inicia o ato comunicacional;

ENUNCIATÁRIO – Aquele que recebe o que foi comunicado pelo enunciador;

CANAL – Meio físico e elo psicológico entre enunciador e enunciatário

CÓDIGO – A Linguagem utilizada e compartilhada pelos falantes

REFERENTE – o contexto que envolve o ato comunicacional

MENSAGEM – o efetivo conteúdo que se pretende transmitir

Para que a comunicação seja eficaz, é preciso que o enunciador calibre adequadamente cada um destes elementos básicos, sendo certo que, quanto menor o ruído, maiores das probabilidades da mensagem chegar ao enunciatário sem intermitências.

Vamos verificar cada um deles a seguir:

2. REMENTENTE

Muitos candidatos encontram dificuldades para elaborarem adequadamente as peças jurídicas na segunda fase de Exame de Ordem. Isto ocorre por diversos motivos, sendo o primeiro deles o mais trivial entre todos os possíveis: escolhem para fazer a Segunda Fase área jurídica com a qual não têm muita afinidade, quer seja porque a maioria das pessoas prefere esta ou aquela área (o Direito Penal já esteve 'na moda', hoje em dia há uma tendência para a escolha de Direito do Trabalho) e o candidato, tomado por insegurança ou incerteza, prefere caminhar junto com o 'rebanho'.

Também há aqueles que escolhem a área em que vão realizar a Segunda Fase porque ouviram dizer que o Cursinho Tal tem um professor muito bom naquela disciplina, por isso a aprovação seria mais garantida.

Em ambos os casos, o candidato toma a decisão partindo de premissas equivocadas: ora, não é porque todo mundo prefere uma área que ela é também a melhor para o indivíduo.

Além disso, de fato, é importante contar com um bom professor, que será seu guia e mentor para elaborar a prova, mas este fator é consequencial e não determinante.

Assim, o candidato deve escolher a área jurídica com a qual é mais familiarizado – já fez estágio naquele segmento, tendo realizado e lido muitas peças desta área – ou na qual tenha tido melhor desempenho ao longo da graduação, ou ainda que foi objeto de seu TCC, porque gosta mais daquela disciplina do que das outras.

Os fundamentos teóricos para a escolha nós já trilhamos neste livro, especialmente quando ensinamos que é do conteúdo semântico apreendido pelo leitor e a relação que estabeleceu com textos da mesma natureza que o tornará apto para interpretar e redigir textos em determinada área do conhecimento.

Não se esqueçam, no final do dia nós seremos os responsáveis pelas decisões que tomamos, de nada adiantando, depois do insucesso, ficar culpando seus colegas por terem lhe influenciado mal, ou o professor porque ele não foi o messias que você esperava.

É certo que a aprovação do candidato está ancorada em uma premissa – esta sim fundamental – que é DEDICAÇÃO hercúlea e conhecimento jurídico e dos mecanismos da linguagem que envolvem a realização do Exame de Ordem.

Portanto, independentemente da área jurídica que escolheram ou que vierem a escolher para realizar a Segunda Fase do Exame de Ordem, lembrem-se que o aspecto linguístico é comum a todas elas e deve ser levado em consideração em primeiro lugar.

3. DESTINATÁRIO

Reconhecidamente, desde os primórdios dos estudos sobre retórica – a arte do convencimento – Aristóteles indicava a plateia como o foco do ato comunicacional, o que parece evidente uma vez que somente nos comunicamos para falar alguma coisa para alguém.

No caso do Exame de Ordem, a tarefa do candidato consiste em convencer o examinador – por meio de textos escritos – de que possui qualificação técnica para pleitear e inscrição nos quadros da Ordem dos Advogados do Brasil, para, enfim, estar habilitado ao exercício da advocacia.

Interessante notar que neste ato comunicacional o anonimato entre as partes é traço marcante – muito em virtude do critério da impessoalidade que rege a realização de concurso públicos em geral.

Assim, para que o candidato possa conhecer algo sobre o examinador, é fundamental que leia com atenção e compreenda os comandos elencados no Edital.

Selecionamos, a seguir, alguns trechos que, desde a inauguração do Exame Nacional Unificado sempre se encontram no Edital de convocação, além de guardarem relação próxioma com o tema Redação Forense.

> **Tópicos importantes do Edital de Exame de Ordem comentados**

- As provas prático–profissionais deverão ser manuscritas, em letra legível, com caneta esferográfica de tinta azul ou preta;

Não há tolerância a este respeito, prepare-se com mais de uma caneta esferográfica, de ponta fina, a fim de prevenir infortúnios. Você pode levar lápis e borracha também, no entanto, o caderno de respostas deverá ser entregue preenchido à caneta.

- O examinando receberá nota zero nas questões da prova prático–profissional em casos de:
    - não atendimento ao conteúdo avaliado;
    - de não haver texto;
    - de manuscrever em letra ilegível ou de grafar por outro meio que não o determinado no subitem anterior;
    - Na redação das respostas às questões discursivas, o examinando deverá indicar, obrigatoriamente, a qual item do enunciado se refere cada parte de sua resposta ("A)", "B)", "C") etc.), sob pena de receber nota zero.
    - Para a redação da peça profissional, o examinando deverá formular texto com a extensão máxima definida na capa do caderno de textos definitivos;

Nem todos possuímos aquela caligrafia de convite de casamento, mas isto não é desculpa para escrever em fonte 'garrancho' no Exame de Ordem. O conselho aqui é se valer daquele bom e velho caderno de caligrafia e, sobretudo, testar a paciência no momento de escrever.

Por outro lado, também é aconselhável cautela com o excesso de capricho, eis que escrever toda a prova a lápis para, depois, passar a caneta, pode ser a crônica de uma morte anunciada: você terá apenas 5 horas para realizar uma prova complexa e repleta de textos, assim, o tempo e o cansaço podem te derrubar. Deste modo, não se aconselha esta tarefa dupla que irá dobrar o cansaço e dividir por dois o tempo total de prova.

> Para a redação das respostas às questões discursivas, a extensão máxima do texto será de 30 (trinta) linhas para cada questão;

Ora, se o examinador confere ao candidato 30 (trinta) linhas para resposta, é evidente que não se deve escrever apenas algumas poucas linhas para responder às questões dissertativas. O que geralmente ocorre é que o candidato acaba usando muito tempo para escrever a peça prático-profissional e, então, com o tempo apertado, tende a responder correndo as 4 (quatro) questões dissertativas, o que leva à elaboração de texto insuficiente – tanto no conteúdo quanto na quantidade. Siga nossas dicas adiante para elaboração de textos dissertativos e não caia nesta cilada.

> Será desconsiderado, para efeito de avaliação, qualquer fragmento de texto que for escrito fora do local apropriado ou que ultrapassar a extensão máxima permitida;

A redação de textos de modo ordenando e linear denota o bom preparo do candidato, inclusive no que concerne à tranquilidade na atividade que realiza. Afinal de contas, ninguém confiará uma causa a um advogado todo atrapalhado, que redigi textos de modo inadequado. Demonstre todo seu equilíbrio ao Examinador escrevendo seu texto com capricho.

> O examinando deverá observar atentamente a ordem de transcrição das suas respostas quando da realização da prova prático-profissional, devendo iniciá-la pela redação de sua peça profissional, seguida das respostas às qua-

tro questões discursivas, em sua ordem crescente. Aquele que não observar tal ordem de transcrição das respostas, assim como o número máximo de páginas destinadas à redação da peça profissional e das questões discursivas, receberá nota 0 (zero), sendo vedado qualquer tipo de rasura e/ou adulteração na identificação das páginas, sob pena de eliminação sumária do examinando do exame.

Claro que você pode preferir responder, primeiramente, as questões dissertativas para depois se dedicar à peça prático-profissional e até mesmo responder às questões 'fora de ordem'. Seja como for, a ordem do caderno de respostas deverá ser seguida para inserir suas respostas, sem complicar a sequência das folhas dedicadas a esta ou aquela questão. Veja que é recomendado iniciar a resposta da prova pela peça prático-profissional. Já a ordem das questões fica a seu critério, desde equacione adequadamente o tempo.

> Quando da realização das provas prático-profissionais, caso a peça profissional e/ou as respostas das questões discursivas exijam assinatura, o examinando deverá utilizar apenas a palavra "ADVOGADO...". Ao texto que contenha outra assinatura, será atribuída nota 0 (zero), por se tratar de identificação do examinando em local indevido.

A este tipo de determinação denominamos 'princípio da não-identificação', ou seja, tome cuidado para não inserir em, seu texto qualquer tipo de informação que possa levar o examinador a supor que você pretende identificar sua prova para ter algum tipo de benefício com isso.

> Na elaboração dos textos da peça profissional e das respostas às questões discursivas, o examinando deverá incluir todos os dados que se façam necessários, sem, contudo, produzir qualquer identificação além daquelas fornecidas e permitidas no caderno de prova. Assim, o examinando deverá escrever o nome do dado seguido de reticências (exemplo: "Município...", "Data...", "Advogado...", "OAB..." etc.). A omissão de dados que forem legalmente exigidos ou necessários para a correta solução do problema proposto acarretará em descontos na pontuação atribuída ao examinando nesta fase.

Mesma situação aqui, não invente dados que não constem do Enunciado, caso o faço é certo que sua prova será anulada. Por outro lado, esteja atento a todos os aspectos envolvendo a questão, em outras palavras, não adianta 'fingir' que não leu determinada parte do Enunciado e que, por esta razão, não o transcreveu na prova. Sua nota sofrerá descontos por este 'descuido'.

4. CANAL

Como dissemos no preâmbulo, é o meio físico por meio do qual se estabelece o ato comunicacional, além do liame psicológico necessário para que o destinatário preste atenção ao texto do remetente.

No Exame de Ordem, em virtude do anonimato das partes envolvidas no ato comunicacional, você terá apenas folhas de papel em branco – numeradas e pautadas – para convencer o examinador de que merece aprovação.

As folhas de prova que compõem o caderno de respostas têm esta aparência:

! **Seguem alguns conselhos e advertências:**

- o ser humano costuma se sentir atraído pelo belo e criar repulsa em relação ao feio, grotesco. Claro que gosto é uma coisa subjetiva, no entanto, a ordem na apresentação de um texto é sempre algo que causa prazer a quem é obrigado a ler este texto. Por isso, além do capricho na caligrafia, o candidato deve respeitar as margens da folha e organizar a paragrafação de seu texto, de modo a facilitar a leitura do texto;

- não há qualquer menção à obrigatoriedade de pular linhas entre o endereçamento e o preâmbulo da peça jurídica e nem entre os parágrafos. Geralmente pulam-se algumas linhas entre o endereçamento e o preâmbulo porque, nos tempos em que os processos eram físicos, este espaço serviria para o Juiz dar um despacho, eventualmente. Atualmente, como processos digitais, parece que este aspecto estético deverá ser alterado;

- evite rasuras em sua resposta, o uso de asteriscos e o corretor de texto (tipo 'branquinho'), pois corre o risco de ver sua prova anulada, no limite do princípio da não–identificação. Além disso, uma prova toda rabiscada ou esbranquiçada perde seu aspecto belo de estética e compromete sua nota. Caso haja algum erro na redação, basta isolar a palavra entre parêntese e fazer um leve traço sobre ela. Simples e eficiente. Claro que quanto menos (e menores) erros, melhor.

5. CÓDIGO

É o meio de linguagem que deve ser compartilhado entre remetente e destinatário para que a comunicação seja eficiente. Aqui entra em jogo tudo o que foi falado na primeira parte deste Livro sobre Teoria da Linguagem, notadamente no que se refere às peculiaridades da Linguagem Jurídica.

Basicamente, utilizamos a variável culta da língua portuguesa (vernáculo) e os termos técnicos que compõem o discurso jurídico propriamente dito. É comum os estudantes de Direito quererem demonstrar conhecimento valendo-se de uma língua portuguesa extremamente hermética, apelando a arcaísmos e estrangeirismos muitas vezes desnecessários.

Este tópico é muito oportuno para desfazermos alguns mitos, mistérios e incertezas que permeiam o imaginário do candidato a aprovação em Exame de Ordem, tratando, em primeiro lugar, do uso adequado do léxico da língua portuguesa, bem como de termos específicos da linguagem jurídica. Em um segundo momento, passaremos a enfrentar questões elementares de língua portuguesa.

d.1) O dilema das palavras homófonas e parônimas – o primeiro cuidado que devemos tomar é evitar erros no uso correto do vocabulário, o que geralmente torna-se complicado quando as palavras são homófonas e/ou parônimas (vide capítulo I para recordar estes conceitos).

Homofonia

Veja essas palavras homófonas em uso:

– MAL / MAU

> *"O profissional mostrou-se **mal** preparado para a execução dos serviços".*

MAL X BEM

> *"O idoso sofria recorrentemente **maus**-tratos".*

MAU X BOM

– CONCERTO / CONSERTO

> *"Os espectadores do **concerto** ao ar livre foram agredidos pelos seguranças"*

> *"O **conserto** do veículo foi avaliado em R$2.000,00 (dois mil reais)".*

– CELA / SELA

> "O menor de idade foi mantido em **cela** com meliantes acima de 18 (dezoito) anos".

> "Como a **sela** estava solta, o requerente sofreu violenta queda".

– CAÇAR / CASSAR

> "A **caça** às bruxas foi deflagrada no Parlamento, acusando-se culpados e inocentes".

> "A liminar em tutela de urgência foi **cassada** pelo desembargador relator do recurso".

– CESSÃO / SEÇÃO / SESSÃO

> "As partes celebraram contrato de **cessão** de direitos hereditários".

> "O pedido deverá ser encaminhado à **seção** de dissídios coletivos".

> "A **sessão** de julgamento foi suspensa em virtude de pedido de vistas".

Paronímias

Mandato / Mandado

> "O advogado protestou pela juntada de **mandato** em 15 (quinze) dias".

> "O juiz expediu **mandado** de penhora e avaliação do imóvel".

Emenda/Ementa

> *"No despacho de fls. este juízo determinou a **emenda** da inicial".*

> *"A **ementa** colacionada faz menção a caso análogo".*

Ratificar / Retificar

> *"No mais, **ratifica** a inicial de fls, em todos os seus termos".*

> *"Requer a **retificação** do polo passivo".*

d.2) o discurso jurídico e expressões latinas – o Direito convive muito bem com certas expressões latinas, quer seja porque alguns institutos jurídicos são expressos nesta nossa língua–mãe (*aberractio ictus*, *propter rem*), quer seja em virtude da proximidade do discurso jurídica com a retórica clássica que afeta, sobretudo, os ramos mais tradicionais do Direito (civil, penal, tributário).

A seguir, colacionamos algumas dessas expressões, advertindo as quais podem ser utilizadas sem dar a impressão que o candidato a aprovação em Exame de Ordem soe pedante e aqueles que devem ser evitadas ou usadas com moderação. Fiquem atentos, por se tratarem de palavras alienígenas, devem ser marcadas por aspas simples:

Expressões de uso corrente que podem ser usadas:

'a quo';'ad quem';

> *"Os autos foram encaminhados pelo juízo 'a quo' ao Tribunal 'ad quem'.*

'ab initio';

> *"Diante das nulidades apontadas, deve ser reconhecida a nulidade 'ab initio' do feito".*

- 'ad hoc'; 'ad judicia';

> *"A defesa foi apresentada por advogado 'ad hoc', apresentando o ora peticionário procuração 'ad judicia' com poderes especiais".*

- 'animus necandi';

> *"O autor agiu desprovido de 'animus necandi' ao apontar a arma para a vítima".*

- 'bis in idem';

> *"A condenação nesses autos restaria em flagrante 'bis in idem'".*

- 'caput';

> *"É o que se lê no 'caput' do art. 29 do Código Penal Brasileiro".*

- 'de cujus';

> *"O 'de cujus' possui herdeiros necessários".*

- 'erga omnes';

> *"Esta decisão não tem efeito 'erga omnes'".*

- 'extra petita';

> *"A decisão judicial guerreada considera questões 'extra petita'".*

- ex tunc / ex nunc'

> *"A setença deve operar efeitos 'ex tunc' e não 'ex nunc'".*

Expressões latinas que podem e devem ser evitadas:

– 'ad cautelam';

> *"Requer, 'ad cautelam', a expedição de ofícios ao BACEN e DETRAN".*

– 'data venia';

> *"As alegações do autor, 'data venia', não merecem prosperar".*

– 'inaudita altera pars'

> *"Requer a concessão de liminar 'inaudita altera pars'".*

– 'in albis'

> *"O réu deixou o prazo transcorrer 'in albis' sem apresentar sua defesa".*

d.3) a importância da observância de regras gramaticais – é importante revisar o conhecimento gramatical que o candidato conquistou ao longo dos anos, pois somente organizando bem estrutura sintática do texto é possível transmitir informações de modo inteligível ao destinatário.

A seguir apresentamos conceitos e regras gramaticais fundamentais aplicadas a textos em geral e jurídicos em especial, sendo que, no Apêndice oferecemos lições mais detalhadas a cerca destes temas que, se pareceram tormentosos na época da escola, certamente agora, quando ganham função prática, parecerão muito mais lógicos e simples:

- ▶ Período Composto – É a frase desenvolvida por meio de duas orações ou mais. Podem ser classificadas em:
- ▶ A) Orações coordenadas – são aquelas que possuem independência sintática e cujos sentidos são coordenados por meio de conjunções.

Exemplo: O autor ingressa com a presente demanda <u>e</u> requer tutela de urgência.

- B) **Orações Subordinadas** – Possuem entre elas **dependência sintática**, além da relação de sentido que estabelecem entre si. São sempre constituídas por uma oração principal e uma subordinada ligadas por conjunções/pronomes relativos.

Exemplo: A ação que foi proposta pelo autor foi julgada improcedente.

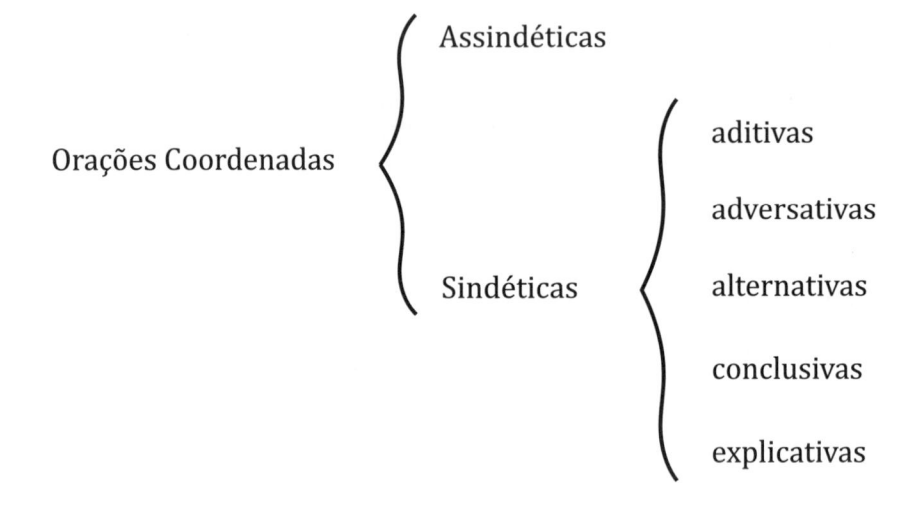

Orações Coordenadas
- Assindéticas
- Sindéticas
  - aditivas
  - adversativas
  - alternativas
  - conclusivas
  - explicativas

Orações Subordinadas
- <u>Substantiva</u> – subjetiva, objetiva direta, objetiva, indireta, predicativa, completiva, nominal, apositiva
- <u>Adverbial</u> – causal, condicional, consecutiva, comparativa, conformativa, concessiva, final, temporal, proporcional

Crase e regência verbal

▸ Regras de colocação do acento indicativo da crase

▸ Regras de Regência Verbal: principais regras

Crase

– Conceito e regra geral

A importância da gramática – Classes de Palavras

Recorreu _ Defensoria Pública.

Recorreu à Defensoria Pública.

Crase e regência verbal

Quando a crase é a fusão da preposição A com o artigo definido feminino A–AS, é importante o conhecimento da regência verbal para saber se há necessidade do uso da crase, uma vez que a crase ocorrerá sempre que o termo regente (verbo) exigir a preposição A e o termo regido (complemento) aceitar o artigo feminino A–AS.

> **EXEMPLO: DIRIGIU-SE À DEFENSORIA PÚBLICA.**

Masculino x Feminino

Uma dica básica para se descobrir se há crase é trocar o termos feminino pelo masculino e verificar se ocorre AO pois, nesse caso, certamente há crase no feminino, uma vez que fica comprovada a fusão entre preposição e artigo.

> **EXEMPLO: DIRIGIU-SE AO MINISTÉRIO PÚBLICO.**

CONCORDÂNCIA VERBAL

▸ Trata das alterações do verbo, para se acomodar ao sujeito.

▸ REGRA GERAL: O verbo concorda com o sujeito em pessoa e número.

> *"Os brasileiros pagam muitos impostos."*

Observe que o sujeito está na 3ª pessoa do plural, bem como o verbo.

Verbo apassivado pelo pronome "SE" e índice de indeterminação do sujeito.

▸ O verbo apassivado concorda com o seu sujeito.

> *"Conserta-se carro."*

> *"Consertam-se carros."*

▸ No caso de "se" utilizado para indeterminação do sujeito, o verbo deve ficar na terceira pessoa do singular.

> *"Assistiu-se à demonstrações de força."*

- Verbo "haver"
1. No sentido de "existir" é impessoal, fica na 3ª pessoa do singular.

> *"Há vários alunos nessa classe."*

2. No sentido de "existir", se formar locução verbal, torna o outro verbo também impessoal."

> *"Não vai haver discussões hoje."*

3. No sentido de "tempo decorrido", também é impessoal.

> *"Há três semanas não nos vemos."*

> *...mas, no sentido de "ter"...*

▸ Nesse caso, cumprindo a função auxiliar, o verbo **haver** é conjugado normalmente, concordando com o sujeito.

> *"Havias chegado, sem fazer barulho (sujeito oculto "tu")*

Concordância com o verbo **fazer.**

- No sentido de "tempo decorrido" é impessoal, portanto, fica na 3ª pessoa do singular.

> *"Faz dez dias que penso em você."*

> *"Faz dois invernos que não descanso."*

- No sentido de "fazer alguma coisa", é pessoal e conjuga-se normalmente, concordando com o sujeito.

> *"As crianças fazem muito barulho."*

> *"Os engenheiros fazem muitas obras."*

Verbos impessoais: observação

- O verbo **EXISTIR** nunca é impessoal: tem sempre sujeito com o qual concorda normalmente.
- Ex: **Existirão** dúvidas (– sujeito).

Existirá uma única espécie de animal (– sujeito).

! d.4) texto dignos de reparos:

- "Fulana de Tal e Sincrano de Qual, vêem, por seu advogado, respeitosamente perante Vossa Excelência oferecer a presente QUEIXA-CRIME em face de ..."

> *"Fulana de Tal e Sincrano de Qual, vêm, por seu advogado, respeitosamente perante Vossa Excelência oferecer a presente QUEIXA-CRIME em face de ..."*

- "...requer à Vossa Excelência que digne-se a determinar a expedição de Alvará..."

> *"...requer a Vossa Excelência que digne-se a determinar a expedição de Alvará..."*

▸ *"...Embora pareçam haver indícios de autoria e materialidade delitiva..."*

> *"...Embora pareça haver indícios de autoria e materialidade delitiva..."*

▸ *"...Não pode-se imaginar que haviam bastante pessoas naquele horário, em local ermo..."*

> *"...Não se pode imaginar que havia bastantes pessoas naquele horário, em local ermo..."*

▸ *"...não recebendo nada à título de quitação..."*

> *"...não recebendo nada à título de quitação..."*

▸ *"...tendo em vista de o acusado preencher os requisitos para ..."*

> *"...tendo em vista que o acusado preenche os requisitos para ..."*

▸ *"...os tributos cobrados no período entre ..."*

> *"...os tributos cobrados entre ..."*

▸ Dá-se à causa o valor de ... OU Dá à causa o valor de ...?

> Dá à causa o valor de

6. REFERENTE E MENSAGEM

O referente é o contexto que acomoda o ato comunicacional, sendo certo que quanto mais as partes compartilharem dos mesmos contextos, mais facilitado estará o ato comunicacional.

No Exame de Ordem, todo o contexto para a resposta das peças jurídicas e das questões dissertativas já é dado pela examinador no caderno de questões, cabendo ao candidato simplesmente adequá-los à sua resposta.

Após a adaptação ou assimilação dos enunciados (referentes em Exame de Ordem), o candidato deve demonstrar conhecimento jurídico e técnica apurada para transmitir sua mensagem, por meio da qual será avaliado pelo examinador.

7. ORGANIZANDO A REDAÇÃO DA PEÇA JURÍDICA

7.1. A Formulação de Enunciados Jurídicos

Até aqui, tratamos dos temas de linguagem que devem ser incorporados por aqueles que pretendem adquirir autonomia no momento de enfrentar o maior dos desafios da área jurídica: a produção individual de enunciados.

Enunciado, vale lembrar, é produto daquilo que chamamos de instância da enunciação. Sempre que vamos redigir um texto, escrevemos a partir de determinado tempo e espaço: eu – aqui – agora.

No Exame de Ordem, ocorre exatamente isso. Ou seja, é você, lá naquele local e naquele momento desenvolvendo uma redação forense. A primeira preocupação que o candidato deve levar em consideração é a seguinte: de quais ferramentas disponho para desenvolver esta atividade?

A resposta é: basicamente, o Caderno de Questões, o caderno de respostas, linhas pautadas, caneta, a legislação e, o mais importante, sua cabeça! Costumamos dizer que para ser advogado, basicamente, basta isso: lei e cabeça.

Vimos em capítulos anteriores como interpretamos corretamente os enunciados fornecidos pelo examinador, a fim de não recairmos em deslizes e equívocos de compreensão; também revisamos as relações semânticas entre os termos jurídicos e o caráter basicamente monossêmico destes termos, etc.

Agora, chegada a hora da redação da peça jurídica e das questões dissertativas, devemos considerar que, para transformar este pensamento que desenvolvemos em texto, é preciso nos valermos de determinado mecanismo. E este mecanismo é o que conhecemos como *estrutura sintática*.

A sintaxe nos fornece o caminho para nosso pensamento se desenvolver. De nada adianta o candidato chegar a profundas conclusões se não estiver apto a transformar isto em texto. Aqui entra em jogo o que chamamos de 'consciência sintática'.

Curioso notar que, quando ouvimos uma canção, ou lemos um poema, compreendemos que o plano de expressão, ou seja, os versos, as estrofes, são parte componente daqueles textos. Basta lembrar que raramente alguém explica uma canção, mas cantarola um trecho dela, ou simplesmente declama um poema ao invés de dizê-lo com outras palavras.

Uma letra de música, um poema, pertencem ao que denominamos discurso da arte, ao passo que um texto jornalístico, um texto jurídico, pertencem ao discurso da vida. Assim, quando perguntamos a alguém sobre uma matéria veiculada em um jornal, satisfazemo-nos com a transmissão da 'ideia' do texto (plano de conteúdo), sem nos preocuparmos com sua estrutura sintática (plano de expressão). Já notaram isso?

O mesmo ocorre com os artigos de lei que estudamos incansavelmente ao longo do curso de direito, nós até decoramos um ou outro, mas, geralmente, apenas compreendemos o significado de alguns deles e assim vamos compreendendo o sistema jurídico.

No entanto, um redator de texto não pode ignorar o aspecto sintático para a produção de seu texto. As regras sintáticas – as relações entre sujeito e predicado, por exemplo – não serviram apenas para termos pesadelos na época da escola. Pelo contrário, são mecanismos essenciais para uma boa redação forense.

Se conhecemos a função do sujeito e do predicado, se sabemos para que serve um advérbio, como colocar uma vírgula, as palavras tornam-se verdadeiras guerreiras a serviço de nossa missão. Agora, se tememos estas classes de palavras e seu uso sintático, elas se tornam nossas inimigas e determinam nosso insucesso redacional.

No apêndice desta obra oferecemos uma revisão oportuna de análise sintática e morfologia, que pode ser útil a quem reconhece que sempre negligenciou no estudo destes temas. Sempre é hora para uma revisão a fim de recuperar o tempo perdido. Pode até demorar, mas se o candidato nunca começar a fazer isso, nunca chegará lá.

É curioso, muitos candidatos preferem negar que a dificuldade que têm para redigir um texto jurídico não se relaciona com falta de conhecimento da matéria, mas falta de domínio das estruturas textuais. Cuidado para não continuar se enganando.

Uma dica para readquirir ou otimizar a consciência sintática é, a partir de agora, o candidato ler os textos dos livros de direito e dos jornais que acompanha prestando atenção não apenas no sentido (semântica), mas também nos arranjos sintáticos pelos quais se desenvolvem (sintática). É claro que ler boas obras literárias pode ajudar muito nesta tarefa de aquisição de competência gramatical.

7.2. Noções elementares de pragmática

Pragmática também conhecida como *teoria dos atos da fala*, trata da linguagem como um ato comunicacional, em que há interação intelectual entre o enunciador e o enunciatário do texto. Isto significa que o enunciador, ao elaborar o texto, deve observar certas regras e constâncias no uso da língua a fim de que, o enunciatário, observando suas marcas no texto, possa delas se valer para bem compreender o ato de fala com o qual interage.

Numa frase como: "Messias parou de beber" ou "Joaquim converteu-se ao budismo" é possível compreender para além daquilo que está explícito no texto. Veja que em "Messias parou de beber" os elementos que compõem a frase significam (com a soma dos seus termos) apenas o óbvio (*Messias não bebe mais*). Em "Joaquim converteu-se ao budismo", do mesmo modo, o que fica explícito no texto é sua conversão ao budismo.

No entanto, para além disso, é possível fazer *inferências* a respeito daquilo que não está *explícito* no enunciado, mas *implícito, pressuposto* em sua leitura. Ora, considerando a interação comunicacional, o enunciado "Messias parou de beber" permite pressupor que *Messias bebia antes;* em "Joaquim converteu-se ao budismo", pressupõe-se que, *antes, Joaquim não era budista*.

Por isso, a pragmática substitui a noção de *frase* pela de *enunciado*. Mais do que mera substituição terminológica, esclarece que o *enunciado* é composto de informações explícitas no texto somadas àquilo que se depreende do *contexto*.

A partir daí, lança-se a possibilidade de trabalharmos com as noções de *implicações, inferências, pressupostos e subentendidos*, todos eles marcados no texto, por meio de certas classes de palavras.

Para os profissionais da área do direito é fundamental que estejam aptos a depreender o sentido deste tipo de informação implícita, eis que permitem uma atuação mais profícua em sua atividade profissional.

Veja este exemplo de subentendido que levou advogado a ser preso por prática de crime desacato:

> **Advogado é algemado e deixa acareação em CPI preso**
>
> *O advogado Sérgio Weslei da Cunha, que participava de acareação na CPI do Tráfico de Armas, foi preso por desacato pela Polícia Legislativa. Os deputados da CPI alegam que ele desrespeitou a Câmara ao responder ao deputado Arnaldo Faria de Sá. Ao sair algemado da sala da CPI, o advogado afirmou: "Eles queriam a foto e conseguiram".*
>
> *O parlamentar disse ao advogado: "você aprendeu rápido com a malandragem". Ao que Weslei respondeu: "**aqui** a gente aprende rápido". Ele recebeu voz de prisão por desrespeitar funcionário público em exercício e saiu algemado da sessão da CPI.*

Veja que o advérbio *aqui*, de lugar, tem abrangência semântica indefinida; pode significar *a própria Câmara, o Brasil, enfim, o mundo...(!)*. Deste modo, fica difícil de caracterizar o discurso do advogado como desacato, uma vez que, no texto em si, pois não parece que *faltou ao respeito* ao funcionário público neste caso. Vale dizer, poderia ser um mero desabafo.

Então, por que o advogado foi detido? Ora, justamente em razão do modo como o enunciado do advogado foi compreendido pelo parlamentar que, juntando o texto expresso do causídico, com o contexto (políticos são desonestos), sentiu-se ofendido pelo o que ouviu.

Adivinha o resultado da decisão judicial em que se apurou a prática de crime de desacato? ABSOLVIDO, pois não havia como caracterizar a prática de desacato no discurso do advogado.

Veja como noções de linguagem podem ajudar na resolução de processos...

a) COESÃO TEXTUAL – O que confere coesão ao texto é o fluente encadeamento das ideias que se pretende transmitir, sempre o considerando globalmente, como um todo de significação. São as preposições, advérbios, pronomes e conjunções.

Antes de prosseguirmos, vamos relembrar a característica de referidas classes de palavras:

– **Preposição**

Agrupam-se na classe morfológica preposição, todas as palavras desprovidas de independência, invariáveis e que relacionam dois termos de uma oração.

São preposições: a, ante, perante, após, até, com, contra, de, desde, em, entre, para, por, sem, sob, sobre, trás.

Quando mais de uma palavra desempenha a função de preposição, chamamos de locução prepositiva.

Ex.: abaixo de, a fim de, apesar de, ao invés de, em vez de, junto com, defronte de, de encontro a, sob pena de, acima de, além de, antes de, diante de, graças a, junto de, através de, em frente de, a repeito de, acerca de, a par de, depois de, em fase de, junto a, em via de, em frente a, ao encontro de etc.

– **Advérbio**

Agrupam-se na classe morfológica denominada advérbio, todas as palavras que servem fundamentalmente como modificadoras de verbos.

Ex.: *Alegou que nunca se esqueceu do rosto do criminoso.*

Note-se que a expressão *muito devagar* modifica o sentido do verbo caminhar adicionando a noção de uma velocidade ainda mais baixa do que o padrão esperado de uma caminhada. A depender do tipo de modificação inserido pelos advérbios, estes se dividem em modo, intensidade, dúvida, negação, afirmação, lugar e tempo.

a) Advérbio de modo→ Caminhava <u>calmamente</u>.

b) Advérbio de intensidade→ Estudava *muito*.

c) Advérbio de dúvida→ *Acaso* me procures, saiba que não voltarei.

d) Advérbio de negação→ *Não* encontrou explicações.

e) Advérbio de afirmação→ *Claramente*, ele é o assassino.

f) Advérbio de lugar→ Havia muitas pessoas por *lá*.

g) Advérbio de tempo→ *Doravante*, as partes serão qualificadas como 'autor' e 'réu'.

– **Pronomes**

Como já vimos os pronomes pessoais e possessivos em capítulo anterior, vamos nos ater agora aos pronomes **demonstrativos** e **relativos**.

Pronomes demonstrativos são aqueles que situam a pessoa ou a coisa designada relativamente às pessoas gramaticais no espaço e no tempo, conforme tabela abaixo.

	Pessoa	Espaço	Tempo
Este	1°	Próximo	Presente
Esse	2°	Intermediário	Passado ou futuro pouco distante
Aquele	3°	Distante	Passado vago ou distante

Desta forma teríamos, com relação ao espaço, este aqui, esse aí e aquele lá. Também poderiam ser utilizados para retomar palavras e ideias do texto evitando repetições, como no exemplo.

Sócrates e Platão foram grandes filósofos. Esse aprendeu tudo com aquele.

No exemplo, o pronome demonstrativo *esse* retoma Platão (palavra mais próxima), enquanto o pronome demonstrativo *aquele* retoma Sócrates (palavra mais distante).

Os pronomes demonstrativos podem ser variáveis com relação ao gênero e ao número ou invariáveis conforme tabela abaixo.

Pessoas	Variáveis				Invariáveis
	Masculino		Feminino		
	Singular	Plural	Singular	Plural	
1ª	Este	Estes	esta	estas	Isto
2ª	Esse	Esses	Essa	essas	Isso
3ª	Aquele	Aqueles	Aquela	aquelas	Aquilo

Os pronomes relativos, são denominados desta forma, pois, geralmente, referem-se a um termo anterior. Apresentam formas variáveis (flexão de gênero e número) e invariáveis, conforme tabela abaixo.

Variáveis				Invariáveis
Masculino		Feminino		
Singular	Plural	Singular	Plural	
O qual	Os quais	A qual	As quais	Que
Cujo	Cujos	Cuja	Cujas	Quem
Quanto	Quantos	------------	Quantas	Onde

– **Conjunção**

Agrupam-se na classe morfológica conjunção, todos os vocábulos invariáveis que servem para relacionar duas orações ou dois termos semelhantes da mesma oração. Por essa função dupla, as conjunções podem ser coordenativas ou subordinativas. Em todos os casos as conjunções são invariáveis.

Sugerimos a retomada da explicação sobre períodos compostos para tratar do sentido das diversas conjunções coordenativas e subordinativas.

7.2.1. Mecanismos de Coesão textual

Nós já estudamos coesão textual quando tratamos da interpretação de textos e aprendemos que certas classes de palavras ajudam a instruir nossa leitura. Por exemplo, a conjunção 'mas' tem sentido adversativo, por isso, nos leva a concluir que, entre a oposição proposta pelas duas orações relacionadas, devemos acolher o sentido da segunda:

> *Felipão é teimoso, mas é um excelente treinador.*

Entre a teimosia e a excelência de seu ofício, chegamos à conclusão de que a segunda asserção deve prevalecer. E o mesmo ocorre com as demais conjunções.

Assim, quando vamos redigir um texto, temos de nos valer destes conectivos de maneira adequada, para facilitar a compreensão daquilo que dizemos por parte do destinatário de nosso texto.

São considerados *elementos de conexão*:

- ▸ Referência: trata de certos *pronomes* e *advérbios* inseridos no texto, que só fazem sentido por se referirem a outros termos, já existentes no enunciado ou que podem ser *pressupostos* pelo contexto. A estes termos denominamos *anafóricos*.

Veja:

> *Rousseau e Locke são filósofos alinhados à vertente contratualista. Eles professam, em síntese, que a sociedade se inicia com um pacto social, que transfere o homem do estado de natureza para o estado social. Naquele, o homem vive de acordo com seus próprios interesses. Aqui, o que vigora é a utilidade comum.*

Perceba que os termos sublinhados somente fazem sentido porque se referem a algum outro termos que está presente no texto.

– Substituição: Semelhante à referência, neste caso, substitui-se um termo, um verbo ou até mesmo uma frase toda, incluindo um elemento novo no texto:

> *O Supremo Tribunal Federal entende-se competente para o julgamento do caso, já o Legislativo não.*

Neste caso, fica claro que é substituída a frase "entende o Supremo Tribunal Federal competente para o julgamento do caso", pelo advérbio de negação, que opera, ao mesmo tempo, uma redefinição do que fora dito anteriormente.

– Conjunções (conectivos): Estabelecem relações significativas entre aquilo que foi dito com o que se está para dizer. São em regra:

- ADIÇÃO: Além disso, vale lembrar, é certo;
- ENUMERAÇÃO: em primeiro, em seguida, finalmente,;
- EXPLICAÇÃO: isto é, por exemplo, de fato, com efeito;
- CONCLUSÃO: dessarte, em suma, diante do exposto, pelo exposto, isto posto.

– coesão lexical – refere-se à recorrência de sentido, que tanto pode se dar por meio de reiteração (uso de sinônimos, hiperônimos, termos genéricos), como por termos contíguos, ou seja, que pertencem ao mesmo campo significativo.

Vamos agora aplicar essas noções no texto abaixo a fim de depreendermos os elementos de conexão nele presentes:

> *"Caos no corredor da morte*
>
> *Acabou a droga usada para executar prisioneiros – e carcereiros dos EUA estão sendo forçados a improvisar uma nova forma de matar.*
>
> *Uma máquina pressiona três seringas, nas quais há brometo de pancurônio, tiopental e cloreto de potássio. As substâncias entram na corrente sanguínea e a pessoa perde a consciência após 30 segundos. Nos quatro minutos seguintes, sua respiração desacelera e o coração para. Óbito. Nas últimas três décadas, quase 1.200 condenados foram executados dessa forma nos EUA. Mas os laboratórios americanos e europeus que produzem tiopental não querem mais vendê-lo para uso em execuções (argumentam que*

o remédio não deve ser usado para matar). E os EUA estão ficando sem drogas para aplicar a pena de morte.

Para contornar o problema, foi criado outro coquetel, que mistura sedativo midazolam com o anestésico hidromorfona. A combinação foi usada pela primeira vez em janeiro – e não deu muito certo. Dennis McGuire, de 54 anos, sentenciado à pena de morte por estuprar e matar uma grávida, foi o primeiro a receber a mistura. Ele agonizou por 26 minutos, sufocando e emitindo "sons estranhos". A execução foi considerada um fracasso, pois causou sofrimento físico extremo – justamente o que os americanos queriam evitar quando adotaram a injeção letal na década de 1980. Das 539 execuções realizadas nos EUA nos últimos dez anos, 530 foram via injeção. Oito foram por eletrocussão, e uma por fuzilamento (o fuzilado foi Ronnie Lee Gardner, condenado por homicídio em Utah. Ele escolheu ser fuzilado a tiros porque era mórmon, e acreditava que só consertaria o que havia feito se derramasse o próprio sangue)".

(Super Interessante, Ed. 330, pg. 19. Texto de Ricardo Lacerda e Robson Pandolfi)

! **Veja abaixo os elementos de conexão que destacamos:**

– *"as substâncias"* substitui *"brometo de pancurônio, tiopental e cloreto de potássio"*, dando fluência ao texto, evitando repetições;

– *"Sua"* refere-se a *"pessoa"* e é um pronome possessivo anafórico;

– *a conjunção aditiva "e"* soma as informações "Respiração desacelera" + "coração para", ajudando na compreensão da sucessão de eventos;

– "Quase 1.200 condenados substitui "a pessoa" e dá fluência ao texto, evitando a repetição;

– "Dessa forma" substitui todo o período que se inicia em "uma máquina" e termina em "...óbito";

– "mas" é conjunção adversativa, que inicia o argumento contrário (os laboratórios não querem mais produzir o medicamento);

– "Querem" (ELES) sugere elipse de "os laboratórios americanos e europeus que produzem o tiopental", evitando a repetição de um período que comprometeria a boa fluência do texto;

– "lo" pronome oblíquo na função de anafórico, que remete a "tiopental";

– "argumentam" (ELES) sugere elipse novamente de "os laboratórios...";

– "Remédio" representa coesão lexical, pois o termo é hiperônimo (mais abrangente) em relação a "tiopental";

– "e", em "E os EUA estão ficando sem drogas...", é conjunção que dá ideia de conclusão de pensamento (= por isso);

– "O problema" substitui o período que trata da negativa de produção de "tiopental", retomando a ideia e dando novo conceito a ela;

– "A combinação" substitui "outro coquetel que mistura...";

– "e", em "– e não deu muito certo", tem valor adversativo (= mas);

– "A mistura" mantém coesão lexical com "a combinação" (sinômimos, mantendo a coesão e evitando a repetição sempre do mesmo termo);

– "Ele" é pronome pessoal anafórico que se refere a Dennis McGuire;

– "pois" é conjunção que remete à noção de causa/efeito;

– "o que" é pronome demonstrativo que se refere a "causou sofrimento físico extremo";

– "539 execuções"... "530"... "Oito" ... "uma" são termos referentes em relação sequencial;

– "o fuzilado" = "ele", referência pessoal;

– "porque", é conjunção causal;

– "e", conjunção aditiva;

– "consertaria" é forma de substituição (elipse);

– "derramasse" é forma de substituição (elipse);

– "o próprio" é referente pessoal

b) <u>coerência textual</u> – É a adequação dos elementos textuais em busca de uma unidade, em que as ideias se compatibilizem. A falta de coerência indica textos ambíguos ou defeituosos no que diz respeito à recorrência semântica.

Muitas vezes, repetições excessivas de um mesmo argumento, a falta de relação lógica entre os termos utilizados macula severamente a qualidade de um texto. Devemos levar em consideração que as palavras devem colaborar entre si para compor um todo de sentido.

Em outras palavras, o leitor de nosso texto não o compreende apenas somando o sentido de uma palavra com a outra em sequência, a compreensão se dá pelo sentido global daquilo que enunciamos.

Veja exemplo de um texto sem coerência textual, especialmente no que trata ao encadeamento argumentativo:

> *"Os laboratórios farmacêuticos, em sua prática diária trabalham com aquilo que podemos chamar de cura das enfermidades das pessoas. Assim, não medem esforços para trazer à população o que estiver ao seu alcance para a melhora da qualidade de vida.*
>
> *Uma das drogas que vem sendo fabricada em larga escala é o tiopental, responsável pela execução de condenados à pena de morte, sem que estes sintam dor.*
>
> *Percebem a incoerência argumentativa? Ora, se afirma no primeiro parágrafo que o objetivo dos laboratórios farmacêuticos é curar as pessoas e melhor sua qualidade de vida, não faz sentido que produzam uma droga cujo objetivo é a execução de pessoas.*

7.2.2. Mecanismos de Coesão textual e discurso jurídico

Nós já estudamos coesão textual quando tratamos da interpretação de textos e aprendemos que certas classes de palavras ajudam a instruir nossa leitura. Por exemplo, a conjunção 'mas' tem sentido adversativo, por isso, nos leva a concluir que, entre a oposição proposta pelas duas orações relacionadas, devemos acolher o sentido da segunda:

> *Felipão é teimoso, mas é um excelente treinador.*

Entre a teimosia e a excelência de seu ofício, chegamos à conclusão de que a segunda asserção deve prevalecer. E o mesmo ocorre com as demais conjunções. Por sinal, em sede de pragmática (teoria dos atos da fala), temos que as conjunções, os pronomes relativos, são conectivos que instruem a leitura de textos.

Assim, quando vamos redigir um texto, temos de nos valer destes conectivos de maneira adequada, para facilitar a compreensão daquilo que dizemos por parte do destinatário de nosso texto.

Tal aspecto torna-se ainda mais relevante em Exame de Ordem, quando a incompreensão da sequência de nosso pensamento pode nos levar a perda de pontos ou até mesmo à reprovação.

Nesse mesmo sentido, nosso texto se torna mais coeso quando nos valemos dos *pronomes* para o encadearmos adequadamente, evitando repetição excessiva de *substantivos*. E os *advérbios* também são muito importantes para marcamos corretamente o tempo e espaço.

Veja alguns exemplos:

> *– "Ante todo o exposto, o requerente requer a admissão do presente recurso, para que seja declarado extinto o crédito tributário"*

Ante todo o exposto = em virtude de, o conectivo transmite a ideia de conclusão e remete às alegações desenvolvidas ao longo da peça jurídica. Trata-se de expressão adequada para anteceder o fecho textual e o respectivo pedido.

Mesma coisa em: "Maria, já qualificada nos autos da ação em epígrafe, vem, por seu advogado, apresentar CONTESTAÇÃO, nos termos dos artigos (...), *pelos* (= *por meio dos*) motivos de fato e de direito a seguir expostos:

(*para que...* trata-se de conectivo que transmite a ideia de finalidade, ou seja, *para o fim de*, adequado para tratarmos da razão de ser da medida judicial proposta)

> *– "a apresentação das primeiras declarações no prazo legal E prosseguimento do feitos..."*

(a conjunção *E* transmite a ideia de adição de pensamentos, devendo ser utilizada sempre que houver a intenção de continuidade do mesmo raciocínio)

Caso haja a necessidade de somar mais de uma oração, podemos substituir a aditiva *E* por TAMBÉM, OUTROSSIM, NESSE MESMO SENTIDO, BEM COMO, etc.) a fim de evitarmos a repetição demasiada do mesmo conectivo e, com isso, produzimos efeito anafórico indesejável em uma peça jurídica:

> *"O autor celebrou o contrato E apresentou a escritura do imóvel, BEM COMO as certidões negativas, TAMBÉM, no mesmo ato, forneceu seu endereço completo."*

> *"O requerente sempre respeitou as cláusulas contratuais e seu aditivo. Nesse mesmo sentido, nunca deixou de honrar pontualmente com os pagamentos devidos."*

> – *"A natureza jurídica da ação jurídica QUE se propõe, de fato, é controvertida. O autor reconhece a impontualidade no pagamento, no entanto, tal fato não ocorreu por sua vontade.*

(Neste caso, *QUE* é pronome relativo, que evita a repetição desnecessária de termos anteriormente citados, o mesmo ocorre com a expressão *tal fato*. Veja como ficaria ruim se a opção redacional fosse a seguinte: "A ação proposta possui natureza jurídica *de ação* controvertida. O autor reconhece a impontualidade no pagamento, no entanto, *a impontualidade no pagamento* não ocorreu por sua vontade)

(Destacamos o conectivo *no entanto*, que possui sentido adversativo, tal como MAS, PORÉM, CONTUDO, ENTRETANTO, etc.)

Veja outros elementos de conexão textual abaixo:

- ADIÇÃO: Além disso, vale lembrar, é certo;
- ENUMERAÇÃO: em primeiro, em seguida, finalmente,;
- EXPLICAÇÃO: isto é, por exemplo, de fato, com efeito;

- CONCLUSÃO: dessarte, em suma, diante do exposto, pelo exposto, isto posto.

7.2.3. Coerência textual e máximas conversacionais

Além da coesão, o texto deve ser *coerente*, ou seja, semanticamente falando, as palavras devem convergir para a produção de um todo de sentido harmônico, pois é assim que se constrói um enunciado adequado.

Muitas vezes, repetições excessivas de um mesmo argumento, a falta de relação lógica entre os termos utilizados macula severamente a qualidade de um texto. Devemos levar em consideração que as palavras devem colaborar entre si para compor um todo de sentido.

Em outras palavras, o leitor de nosso texto não o compreende apenas somando o sentido de uma palavra com a outra em sequência, a compreensão se dá pelo sentido global daquilo que enunciamos.

Neste momento, cabe aplicarmos a noção das máximas conversacionais e como devemos ordenar nosso pensamento para elaborar uma redação semântica e sintaticamente adequadas.

As máximas conversacionais não são regras de etiqueta para enunciar textos, mas propriamente sistemas de cooperação entre enunciados que permitem sua compreensão, até mesmo quando essas máximas são violadas.

! **Vejamos quais são elas:**

Máximas da quantidade

– que sua contribuição contenha o tanto de informação exigida.

– que sua contribuição não contenha mais informações do que é exigido.

Isso significa que não devemos ser prolixos na elaboração de peças jurídicas. Tendemos a achar que as manifestações nos processos são valoradas em razão da quantidade de texto que agregamos a eles. No entanto, o fato é que quanto mais precisa a comunicação, maiores são as chances de deferimento de nosso requerimento ou pedido.

Em Exame de Ordem, é importante não inventar dados que não constam do propósito. Tenham sempre em mente que, no caso de segunda fase de ordem, quanto mais econômico o candidato for, melhor, contanto que contenha o tanto de informação exigida.

Máximas da qualidade (verdade)

– que sua contribuição seja verídica.

– não afirme o que você pensa que é falso.

– não afirme coisa de que não tem provas.

Esse é o problema do advogado. Embora seja nossa obrigação trabalharmos parcialmente no interesse de nosso cliente, não significa que nosso trabalho consista em contar mentiras no processo.

O discurso jurídico é controverso por natureza. Não é à toa que nosso ordenamento jurídico exige o contraditório para proferir decisões. Isso implica que, para todo caso há, pelo menos, duas histórias que podem ser contadas.

No entanto, se os fatos articulados pelo advogado estiverem absolutamente distantes da realidade amealhada pelo conjunto probatório, a derrota judicial é certa.

Máxima da relação (da pertinência)

– fale o que é concernente ao assunto tratado (seja pertinente).

Principalmente no que se refere aos "remédios constitucionais", como é o caso do *habeas corpus*, não é pertinente tratar do conjunto probatório, uma vez que esta não é a via adequada para este tipo de debate, sob pena de rejeição do pedido.

Veja essa decisão do STJ

> – Tema relativo à nulidade da sentença condenatória, por contrariedade a prova dos autos, por envolver dilação probatória, é insusceptível de apreciação e decisão no âmbito restrito dohabeas–corpus, remédio constitucional que não tem espaço para exame aprofundado de provas.– HABEAS–CORPUS DENEGADO.

Máximas de maneira

– seja claro.

– evite exprimir-se de maneira obscura.

– evite ser ambíguo.

– seja breve (evite a prolixidade inútil).

– fale de maneira ordenada.

Veja o quanto de violações nessa peça jurídica, REAL e extraída de um processo judicial de separação judicial:

> *"DevidoS às referidas cobranças, brigas e humilhações QUE FOI ALVO O REQUERIDO (?) por parte da autora, além é claro de suas constantes viagens e pelas dificuldades vividas com o estado de saúde de seu pai (AMBIGUIDADE)"*

(destaques nossos. Como compreender um período redigido com tamanha displicência?)

> *"Importante salientar que quando o Requerido FOI COMEÇOU a passar por problemas financeiros na empresa a Autora, possui bom emprego (????). Porém, mesmo assim, levando em consideração a difícil situação que estava passando o CÔNJUGE BARÃO (!!!!)."*

(destaques nossos. Agora já parece até brincadeira...).

> *"Temos que ressaltar que alguns bens que GUARNECESSEM o apartamento são frutos de presentes recebidos POR OCASIÃO DO CASAMENTO DOS PADRINHOS E PARENTES, fato também inconteste."*

(DESTAQUES NOSSOS a mais uma seqüência de erros de concordância e ambigüidades, que dificultam a compreensão do texto).

7.3. Paragrafação em textos jurídicos

Um dos critérios de avaliação da peça jurídica do Exame de Ordem é a paragrafação, termo que possui dupla significação.

Ou seja, tal quesito deve chamar a atenção do candidato para o aspecto estético do texto que vai desenvolver. Observe que a construção do texto por meio de parágrafos indica ao examinador que o candidato consegue pontuar adequadamente suas ideias.

Com o devido respeito, parágrafos de 20 linhas somente são toleráveis para autores como Umberto Eco e Miguel Reale.Se você que se fazer entender, é fundamental que saiba construir seus textos observando a devida paragrafação, devendo cada parágrafo conter o essencial de determinado pensamento.

Nesse sentido, o candidato também deve cuidar de sua *caligrafia*, uma vez que a legibilidade da peça jurídica e das respostas às questões práticas é quesito de avaliação e, vale dizer, pode comprometer todos os demais.

Fique atento à qualidade visual de seu texto, evitando também excesso de rasuras, uso de corretivos conhecidos como *branquinhos*, uso de asteriscos e utilização de tintas multicoloridas. Em se tratando de exame de ordem, sobriedade e linearidade são a alma do negócio.

7.3.1. Estilística

No quesito paragrafação, entra em jogo a noção de estilística.Ora, se é inegável que existe um certo critério sintático para a construção textual, é inegável que há um coeficiente que é determinado pelo autor do texto. É aqui que entra em cena o papel da estilística.

É certo que ao longo do curso de direito, cada um de nós desenvolveu uma certa forma de elaborar os textos. Esta marca pessoal deixada por nós é o que estudamos em estilística.

Veja que há certos autores, por exemplo, que optam por inverter a ordem de redação dos textos, a toda hora mesclando o sujeito com o predicado. Algo muito comum na área jurídica e na redação forense em especial. Veja:

> *"Requer o autor a procedência do pedido"*

Ora, "autor" é o sujeito da oração. Assim sendo, na relação lógica entre sujeito e predicado, preferível seria escrever: "O autor requer a procedência do pedido." Pronto, desta forma, facilitamos a nossa redação e, ao mesmo tempo, tornamos mais fácil a leitura do texto pelos Examinador de exame de ordem, nosso público-alvo.

É claro que o exemplo que oferecemos acima é bem simples, por isso não traz maiores dificuldade para sua compreensão. Mas, em maiores proporções, pode ser um verdadeiro desastre. Veja:

> *"Pretende as partes a produção de todos os meios de prova em direito admitidas".*

Eis um erro muito comum em peças jurídicas, fruto de uma verdadeira bagunça sintática e de estilo. Ora, o sujeito da oração acima é AS PARTES, portanto, ELAS QUE *PRETENDEM* a produção de todos os MEIOS de prova em direito ADMITIDOS.

E bastaria apenas uma mínima noção gramatical, e evitar um estilo textual 'rebuscado', para salvar o período: "As partes pretendem a produção de todas as provas admitidas em direito." Ou seja, colocando o sujeito antes do predicado e deslocando todos os termos da oração para o mesmo gênero (feminino, no caso) e número (plural, no caso), o equívoco seria facilmente desfeito.

Por sinal, quando o tema é estilística, a forma como colocamos a vírgula também ganha realce. Por vezes, ouvimos de certos candidatos a advogado que vírgula é questão estilo, por isso, todo mundo tem o direito de utilizar tal acento gráfico da maneira como bem entender.

Alguns chegam a afirmar que a colocação da vírgula depende apenas do critério de embelezamento do texto (afinal, estilo é estilo, podemos usar sapato preto com meia branca e calça lilás...), ou ainda os que afirmam que colocam vírgula no texto quando é hora de dar uma *respirada breve* antes de continuar a falar...

Com efeito, não é uma questão meramente plástica e tampouco um aspecto fisiológico que determina a correta colocação da vírgula. A verdade é que este sinal de pontuação advém de opções gramaticais. E, a partir da opção tomada – esta sim questão de estilo – o enunciador do texto deve ou não usar a vírgula, conforme as regras gramaticais que a informam.

Veja aqui exemplo bem comum de texto 'truncado' por opções estilísticas que determinam excesso de vírgulas:

> "Joselito (qualificação completa), por seu advogado subscrito 'in fine', nos termos do instrumento de outorga de mandato anexo, vem, com fundamento no artigo (...), mui respeitosamente à presença de Vossa Excelência, propor a presente AÇÃO (...)"

Pois bem. Quanto mais houver interferência de uma oração em outra, maior a necessidade de utilização de vírgulas. O problema de dificuldade de sua colocação, neste caso, poderia ser resolvido assim:

> "Joselito (sujeito), por seu advogado subscrito 'in fine' (mandato anexo), vem mui respeitosamente à presença de Vossa Excelência, propor a presente AÇÃO (...), com fundamento no artigo (...).

Percebam: no primeiro caso, 06 (seis) vírgulas; no segundo caso 04 (quatro vírgulas). Qual a diferença, para além da numérica: um texto mais fácil de ler no segundo caso e, também, mais simples de se escrever.

Veja bem, o que o examinador leva em consideração para a aprovação do candidato não é a habilidade que este possui de redigir textos sofisticados, mas apenas de como o candidato consegue se fazer entender, de preferência, da maneira mais simples possível.

Por sinal o exemplo que tomamos acima também revela outra característica em textos jurídicos (que já vimos quando estudamos semântica): uma certa afetação semântica que acomete certos enunciadores da área jurídica.

Claro que sabemos que isso se deve à relação direta entre o Direito e a Retórica Clássica. Mas, convenhamos, os jovens de hoje já abandonaram esta tendência. Então, vamos evitar estes excessos semânticos desnecessários.

No texto acima, por exemplo, qual a razão de escrevermos "por seu advogado subscrito 'in fine'", quando bastaria "por seu advogado ao final subscrito"; do mesmo modo, não há razão para usar uma expressão longa como "instrumento de outorga de mandato", quando bastaria usar, entre parênteses, "mandato anexo"?

É a isto que chamamos *juridiquês* e que deve ser evitado. Veja onde isto pode levar o candidato desavisado:

> *"Caso superada a preliminar acima arguida, o que se admite, apenas* **ad argumentum**, *passa agora a agravada a tratar do* **meritum causae** *da presente demanda.."*
>
> *"Pelo exposto na* **exordial**..."
>
> *"Outrossim, adimplida a dívida, revogar-se-á o decreto* **ergastulário**"...
>
> *"Sobre o assunto, em* **escólio**, *do art. 75,* **assere** *Manoel..."*

(fonte http://www.soleis.adv.br/juridiques.htm, 25/06/2013)

Aliás, quando o assunto é estilo, cuidado com a utilização constante de abreviaturas, o que é vedado em exame de ordem! Portanto, nada de *smj, N e C Magistrado, R. Sentença.*

Outra questão que também deriva do estilo nos textos é como o candidato deve cuidar da aparência estética de seu texto e da paragrafação e margeamento!

Caros candidatos, percebam que não é à toa que o Examinador entre a todos folhas pautadas, assim sendo, é necessário escrever dentro dos limites das margens e também cuidar da adequada paragrafação.

Lembre-se, se a linha acabou, o candidato deve se valer das regras de divisão silábica para separar a palavra; nesse mesmo sentido, a cada parágrafo, devemos manter distância da margem esquerda da folha, sendo sugerido que o candidato busque o meio da folha para iniciar os parágrafos.

Do mesmo modo, entre o endereçamento da peça jurídica e o início da qualificação das partes, deve haver espaço de 10 a 15 linhas, necessariamente, tudo isso por uma questão de estética textual própria das peças jurídicas. Vale dizer, isto não está nas mãos do candidato decidir, é obrigatório!

Quanto à dimensão dos parágrafos, temos que um parágrafo bem redigido não tem mais do que 08 (oito) linhas e também não deve ter, em regra, menos do que 03 (linhas). Caso o primeiro limite seja violado, provavelmente o candidato disse mais do que devia em um parágrafo, não conseguindo sintetizar adequadamente seu raciocínio. Se tiver menos de três, na verdade a impressão que dá é a de que o pensamento mal começou e já terminou.

Afora estas dicas gerais, cuidado com a ortografia e caligrafia (como já se disse). Veja que o examinador não é obrigado a compreender qualquer garrancho, capriche neste quesito, nem que tenha que voltar ao caderno da época de primário. Também não escreva tudo em letra de forma, com letras garrafais, pois dá a impressão de que você está 'gritando' o texto. Procure usar estas letras apenas para destaque. Prefira, sempre que possível, usar a famosa 'letra de mão'.

Por sinal, para manter uma boa grafia, é aconselhável que o candidato pratique sempre escrevendo à mão as peças jurídicas, pois assim tende a se acostumar com o cansaço natural ao ter de escrever tanto desta forma – algo que não fazemos ultimamente.

De nada adianta escrever as peças simuladas apenas no computador, se na hora da prova terá de encarar caneta e folha. Assim, o candidato também evitará constantes erros de grafia e a consequente necessidade de rasurar a prova. Se você rasurar muito sua prova, certamente será descontado. E, em casos extremos, poderá até mesmo ter sua prova anulada. Cuidado com isso. Lembre-se, somente a prática pode levar à perfeição.

7.3.2. Tipologia textual

7.3.2.1. peças jurídicas

As peças jurídicas, como qualquer outro tipo de texto, são formuladas por meio de parágrafos que conhecemos desde a época da escola, ou seja, descrição, narração e dissertação. Por mais que você já os conheça, não custa uma revisão, certo?

É claro que nossas peças jurídicas são, predominantemente, textos dissertativos, no entanto não custa lembrar que um tipo de parágrafo não exclui a utilização dos outros em seu interior, e a fim de compor um texto completo, que forma um todo de sentido com certa predominância.

7.3.2.1.1. Descrição e peças jurídicas

A descrição serve para aspectualizar adequadamente determinada cena, ou pessoa, etc. Lembre-se da leitura de uma obra literária como, por exemplo, "Madame Bovary", de Flaubert. O autor descreve tão bem os lugares onde as cenas se desenvolvem que fica praticamente impossível ao leitor não se sentir mesmo dentro daquele local. São tantos detalhes descritivos que, por vezes, até nos cansamos.

A pergunta que cabe aqui é: Tem lugar a descrição na peça jurídica? Claro que sim, principalmente quando tratamos da qualificação das partes e endereçamento da petição. Eis o começo, pois, de toda peça jurídica.

Por sinal, muito candidato reclama que 'trava' na hora de começar a redigir a peça jurídica e, por essa razão, acaba sendo reprovado. Ora, pura ingenuidade redacional, haja vista que nosso texto, neste caso, começa justamente por aquilo que é mais fácil e que se apresenta, basicamente, como um formulário, destes que preenchemos a todo momento.

O endereçamento, sempre tem o mesmo formato e os mesmo pronomes de tratamento:

EXCELENTÍSSIMO SENHOR DOUTOR ... e aí, conforme o caso, o complemento adequado para cada instância e para cada ramo do direito:

! **- Exemplos:**

Área Cível/Empresarial/Administrativo

> ☐ *"Excelentíssimo Senhor Doutor Juiz de Direito da ___ Vara Cível do Foro _____ da Comarca de _____".*
>
> ☐ *"Excelentíssimo Senhor Doutor Juiz de Direito da ___ Vara da Fazenda Pública da Comarca de _____".*

Área Criminal

> ☐ *"Excelentíssimo Senhor Doutor Juiz de Direito da ___ Vara Criminal do Foro _____ da Comarca de _____".*

Áre Trabalhista

> ☐ *"Excelentíssimo Senhor Doutor Juiz do Trabalho da ___ Vara do Trabalho da Comarca de _____".*
>
> *Instâncias Superiores*
>
> ☐ *"Excelentíssimo Senhor Doutor Desembargador Presidente do Tribunal de Justiça do Estado de _____".*
>
> ☐ *"Excelentíssimo Senhor Doutor Desembargador Presidente do Tribunal Regional do Trabalho da ___ Região".*
>
> ☐ *"Excelentíssimo Senhor Doutor Ministro Presidente do Supremo Tribunal Federal (ou Superior Tribunal de Justiça)".*

E a qualificação das partes? Ora, nada mais necessário! Apenas tome cuidado em qual momento processual a peça jurídica se enquadra: se for inicial, qualificação completa do autor e réu; se for contestação, qualificação completa do réu; se for alegações finais ou recurso, presume-se que as partes já foram qualificadas anteriormente. Funciona mais ou menos assim:

> *"A, (nacionalidade), (estado civil), (profissão), (portador da cédula de identidade RG nº), (inscrito no CPF/MF sob o nº), (residente e domiciliado no endereço)"*

Obs:

- no caso de reclamações trabalhistas, têm de incluir – (nascido aos...), (nome da mãe), (portador da CTPS nº, série n°), (inscrito no PIS/PASEP sob o nº...)
- a qualificação das empresas é: (pessoa jurídica de direito privado, estabelecida na ..., inscrita no CNPJ/MF sob o nº...)

Agora, nos casos em que a peça jurídica que o candidato vai redigir é posterior à inicial/contestação, basta escrever assim:

"'A', já qualificado nos autos da ação (...) que move em face de" (no caso de ser o autor)

Ou

"B, já qualificado nos autos da ação (...) que lhe é movida por" (no caso de ser réu)

Construindo a peça jurídica

Veja que apenas com o parágrafo descritivo – e algumas dicas de redação que demos linhas acima – você já começou a redigir a peça jurídica.

OBS.: (Vamos utilizar o padrão da petição inicial para facilitar a compreensão):

> *"Excelentíssimo Senhor Doutor Juiz (...) da Vara (...) da Comarca de ...*
>
> *(x linhas)*
>
> *A, (nacionalidade), (estado civil), (profissão), portador da cédula de identidade RG nº, inscrito no CPF/MF sob o nº, residente e domiciliado na (endereço completo), por seu advogado (mandato anexo), vem respeitosamente à presença de Vossa Excelência propor (NOME DA AÇÃO), com fundamento nos artigos (...), em face de, B, pessoa de direito privado, estabelecida na (endereço completo), inscrita no CNPJ/MF sob o nº, <u>pelos motivos de fato e de direito a seguir aduzidos</u> (padrão básico para fechamento deste parágrafo)*

– Estas partes da peça jurídica chamamos de ENDEREÇAMENTO e PREÂMBULO, fundamental para todas elas.

OBS.: No Exame de Ordem, para o preenchimento do ENDEREÇAMENTO e do PREÂMBULO <u>não</u> utilize dados que não constem do enunciado, pois o examinador pode entender que o candidato quis <u>identificar</u> a prova e, por esta razão, esta será <u>anulada</u>. Do mesmo modo, o candidato não deve assinar e nem colocar seu nome na parte final da petição, destinada à identificação do advogado.

7.3.2.1.2. Narração e peças jurídicas

O parágrafo narrativo é aquele em que uma história é contada. Estamos muito acostumados a tomarmos contato com estes tipos de parágrafos, sempre presentes nos filmes a que assistimos, nas novelas, em boa parte das matérias jornalísticas, etc.

No entanto, os livros que lemos na área jurídica dificilmente contêm este tipo de parágrafo, uma vez que são livros conceituais e não nos contam histórias. Por esta razão, aqui pode residir um déficit do candidato na redação forense, pois pode lhe faltar referência.

Por isso é sempre importante o candidato manter contato permanente com boas obras literárias, ler bastante jornal, pois é por meio destes textos que vai tomar contato com parágrafos narrativos.

É claro que se o candidato se empenhar na leitura de diversas peças jurídicas pode também pegar melhor o jeito de como os advogados redigem a parte destes textos que se assenta por meio de parágrafo narrativo: OS FATOS

Como sabemos, o processo judicial se baseia em fatos havidos na vida cotidiana das pessoas para, a partir daí, dizer a respeito do direito aplicável à espécie. É especialmente nas petições iniciais que o candidato de Exame de Ordem deve deter maior domínio nas narrações dos fatos havidos na vida. No entanto, também na contestação e nas peças recursais, contar corretamente a estória pode ser fator determinante.

Pois bem. No capítulo anterior, dedicado à interpretação de texto, nós já praticamos a interpretação de textos narrativos e da leitura da narrativa dos enunciados de exame de ordem.

Agora cabem algumas dicas de como devemos agir a fim de produzirmos textos narrativos adequadamente em peças jurídicas de Exame de Ordem.

O principal de tudo é levar em consideração que textos narrativos se baseiam em uma classe de palavras específica: o verbo. Se no parágrafo descritivo nos detivemos no substantivo e em seus adjetivos (qualificação), na narrativa é o verbo que deve tomar a especial atenção do redator do texto.

Ora, textos narrativos tratam basicamente da transformação de estados: um sujeito que se encontra em uma situação A e que, por algum evento, vai para em uma situação B. É o correto manuseio do verbo que vai permitir que o redator do texto leve o leitor a acompanhar tais transformações de estado.

Fique calmo, não é preciso ser nenhum Guimarães Rosa para atingir este objetivo no Exame de Ordem, basta se lembrar de como dominamos os tempos e modos verbais: para a narrativa dos FATOS, com efeito, precisamos quase que exclusivamente do modo do indicativo e, apenas às vezes, do modo subjuntivo.

Vale lembrar que o modo indicativo é justamente aquele que utilizamos quando dizemos algo que ocorreu, ocorre ou ocorrerá; o modo subjuntivo, em regra, trata de hipóteses, possibilidades, etc.

Veja que as peças jurídicas são redigidas desta maneira, destacamos abaixo os tempos verbais utilizados:

! **CONSTRUINDO A PEÇA JURÍDICA**

> I – DOS FATOS
>
> A reclamante **fora** (pretérito mais que perfeito) contratada pela reclamada, em xx/xx/xxxx, para exercer a função de (...), **laborando** (gerúndio, para dar sentido de concomitância) de segunda a sexta-feira, das 08h30 às 17h30, com uma hora de intervalo para refeição e descanso, **recendo** (gerúndio, para dar sentido de concomitância) a quantia mensal de R$3.000,00 (três mil reais).
>
> A partir de xx/xx/xx, a segunda reclamada **alterou** (Pretérito Perfeito) sua razão social para xxxx e **foi transferida** (Pretérito Perfeito) para xxxx em xx/xx/xxxx, empresa do mesmo grupo econômico, sendo garantidos todos os direitos trabalhistas adquiridos desde a admissão da reclamante.
>
> Finalmente, em xx/xx/xx, a reclamante **teve** [seu registro em CTPS] **transferido** (Pretérito Perfeito) para a primeira reclamada, sendo garantidos todos os direitos trabalhistas desde a sua admissão.

A reclamante, no exercício de suas funções e de acordo com as determinações da reclamada, **exercia** (Pretérito Perfeito) a função de xxxxx.

Neste período inicial, também **cuidava** (Pretérito Imperfeito) da parte administrativa da área, **elaborando** (gerúndio) relatórios internos e também para a matriz da contratante, em xxxxxx.

Quando seu contrato **foi transferido** (Pretérito Perfeito) para a primeira reclamada, a reclamante tornou-se (Pretérito Perfeito) xxxx, **cuidando** (Gerúndio) de casos **envolvendo** (Gerúndio) xxxxx.

Tudo **corria** (Pretérito Imperfeito) bem quando, em XX de xxxx de xxxx, **ao chegar** (= quando chegou, Pretérito Perfeito) do almoço, por volta das 14hs, a reclamante **foi chamada** (Pretérito Perfeito) pela assistente da diretoria da primeira reclamada para uma reunião com o XXXXXX, diretor da área em que laborava (Pretérito Imperfeito) a reclamante.

Ao chegar à sala de reunião, **estavam** (Pretérito Perfeito) presentes xxxxxx.

Os presentes **questionaram** (Pretérito Perfeito) a reclamante a respeito de uma senhora de nome xxxx, **informando**-os (gerúndio) de que **conhecia** (Pretérito Perfeito) xxxxx.

A reclamante **informou** (Pretérito Perfeito) ainda que não a **conhecia** (Pretérito Perfeito) pessoalmente.

Foi (Pretérito Perfeito) então que o advogado da reclamada explicou à reclamante que xxxxx.

Enquanto **aguardavam** (Pretérito Imperfeito) a volta do inspetor à sala, o advogado **informou** ((Pretérito Perfeito) à reclamante que xxxxx. A reclamante se **assustou** (Pretérito Perfeito) por **ter de sair** (locução verbal de infinitivo) de pronto, de repente, **deixando** (Gerúndio) de lado suas atividades, sem aviso prévio algum.

Quando a reclamante **voltou** (Pretérito Perfeito) para sua mesa, para **apanhar** (infinitivo) seus pertences e rumar para o DEIC, seus colegas a **olharam** (Pretérito Perfeito) de maneira estranha. Um deles **chegou** (Pretérito Perfeito) a lhe perguntar se **estava** (Pretérito

Imperfeito) tudo bem, porque o inspetor **havia estado** ((Pretérito Perfeito) na mesa da reclamante minutos antes, **abrindo** (Gerúndio) suas gavetas, **mexendo** (Gerúndio) em seu computador e **compulsando** (Gerúndio) documentos sem **dar** (Infinitivo) explicações a ninguém.

Embora **tenha se sentido** (Pretérito Perfeito) humilhada perante seus colegas e assustada em virtude da atitude do inspetor, a reclamante **saiu** (Pretérito Perfeito) de lá **informando** (Gerúndio) a seus colegas que **estava** (Pretérito Imperfeito) tubo bem.

Ato contínuo, em companhia do referido inspetor, a reclamante **rumou** (Pretérito Perfeito) para o DEIC. **Chegando** (Gerúndio) próximo ao local, a reclamante **pôde observar** (Pretérito Perfeito) uma grande movimentação de pessoas e imprensa no entorno e, não **podendo supor** (Gerundio) o que **ocorreria** (Pretérito Imperfeito), **chegou a brincar** (Pretérito Perfeito) com o inspetor que alguma coisa muito grave **devia ter acontecido** (Pretérito mais que Perfeito).

A reclamante, então, **entrou** (Pretérito Perfeito) nas dependências do DEIC, **passando** (Gerúndio) por corredores lotados de jornalistas, logo **foi apresentada** (Pretérito Perfeito) para investigadores de polícia, chefe dos investigadores, Delegados, entre outros, e **ficou aguardando** (Gerúndio) na sala de espera do Delegado.

Por volta das 18:00 h, enquanto ainda **aguardava** (Pretérito Imperfeito) para depor, um investigador **perguntou** (Pretérito Perfeito) se ele podia "carimbar" a reclamante que, assustada, **respondeu** (Pretérito Perfeito) que não **tinha** (Pretérito Perfeito) conhecimento da necessidade de ter as digitais carimbadas para **dar** (infinitivo) depoimentos.

Sem nada **responder** (infinitivo) à reclamante, o investigador de polícia **saiu** (Pretérito Perfeito) da sala, **entrou** (Pretérito Perfeito) de novo mais duas vezes, quando finalmente **voltou** (Pretérito Perfeito) com outro investigador, que **perguntou** (Pretérito Perfeito) à reclamante se **sabia** (Pretérito Perfeito) o que eu **estava fazendo** (Pretérito Imperfeito) ali.

Ao **responder** (infinitivo) que estava ali apenas para **prestar** (infinitivo) depoimento, **foi surpreendida** (Pretérito Perfeito) com a resposta dos policiais, que, inconformados com a atitude dos prepostos da primeira reclamada, **contaram** (Pretérito Perfeito) à reclamante que ela **estava** (Pretérito Perfeito) lá presa, que **havia** (Pretérito Perfeito) uma ordem de prisão contra ela e que ela **iria dormir** (Futuro do Pretérito) encarcerada ao menos naquela noite, uma vez que os depoimentos só **aconteceriam** (Futuro do Pretérito) no dia seguinte.

Informaram (Futuro do Pretérito) ainda que, se a reclamante **quisesse** (Pretérito Perfeito do Subjuntivo), **poderia ligar** (Futuro do Pretérito) para a sua família para **avisar** (Infinitivo) o ocorrido, **aproveitando para pedir** (Gerúndio) que **trouxessem** (Futuro do Subjuntivo) papel higiênico, cobertor e produtos de higiene.

Foi (Pretérito Perfeito) então que a reclamante **desabou** (Pretérito Perfeito) psicologicamente. Após horas de espera, de repente **foi** (Pretérito Perfeito) surpreendida com uma notícia que mudaria (Futuro do Pretérito) definitivamente o rumo de sua vida.

A reclamante **dividiu** (Pretérito Perfeito) a cela com mais quatro ou cinco mulheres até o dia seguinte, quando **foram buscá-la** (Pretérito Perfeito) para **depor** (infinitivo) no DEIC, e de lá, finalmente, **foi liberada** (Pretérito Perfeito), após **ser** (infinitivo) indiciada pelo crime de xxxxx.

7.3.2.1.3. Dissertação e peças jurídicas

O parágrafo dissertativo é aquele por meio do qual o enunciador de determinado texto desenvolve um pensamento lógico, utilizando a adequada inter-relação de argumentos, de modo que aqueles que tomam contato com referido texto possam compreender seu ponto de vista.

O texto dissertativo pode ser predominantemente expositivo ou argumentativo. No primeiro caso, a intenção do enunciador é demonstrar que determina determinada matéria ou tema, esgotando seu conteúdo. No segundo caso, o que pretende o enunciador é operar o convencimento de quem lê seu texto de que seu ponto de vista é o mais adequado.

A peça jurídica e as questões diretas da segunda fase de exame de ordem, em regra, estruturam-se sobre parágrafo dissertativo do tipo argumentativo. Ou seja, a intenção principal do enunciador deve ser a de convencer o leitor de seu texto da correção de seus argumentos.

Portanto, conforme dissemos linhas acima, é justamente o pensamento dissertativo que orienta a redação da pela jurídica dos advogados e candidatos de exame de ordem.

Com efeito, o preâmbulo, os fatos são apenas a preparação necessária para que o jurista aplique a lei ao caso concreto, dão, assim, a solução jurídica para a demanda.

Vale lembrar que os textos dissertativos são divididos em Introdução, Desenvolvimento e Conclusão. Ora, a introdução da peça jurídica é composta pelo preâmbulo e pelos fatos; o desenvolvimento é composto pelo Fundamento Jurídico (ou Do Direito) e a Conclusão é o que chamamos de pedido.

A. Estrutura argumentativa

É por meio de parágrafos dissertativos que os textos doutrinários são desenvolvidos. Do mesmo modo, os textos forenses adotam o formato geral de dissertação para produzir seus efeitos desejados.

Sob o enfoque da teoria da interpretação de textos, por ora basta compreendermos que o que caracteriza um texto dissertativo é o fato de transmitir, argumentativa ou expositivamente, uma ideia ou um ponto de vista. Portanto, é a concatenação coerente de ideias que dá forma aos textos dissertativos.

Claro que a boa ou má redação de um texto pode facilitar ou comprometer a qualidade de sua interpretação, no entanto, o intérprete pode se valer de ferramental teórico e aplicá-lo sempre do mesmo modo quando estiver diante de um texto dissertativo.

Vejamos o texto a seguir para compreendermos melhor a dinâmica argumentativa, alertando o leitor que se trata de Editorial de Jornal. Na sequência faremos a análise de um texto jurídico:

> **Samba-exaltação**
>
> **Lances de afirmação mundial do Brasil dão pretexto a cruzada ufanista, que maquia realidade insatisfatória**
>
> *A ESCOLHA do Rio para sediar os Jogos Olímpicos, o ganho de peso do G20 no debate global, a diminuição do risco de investir no*

Brasil, o impacto atenuado da crise mundial e até a histriônica participação na crise de Honduras tornaram-se, por assim dizer, <u>um samba-exaltação</u> à procura de autor. O concurso está aberto.

Que se apresente, senão o Ary Barroso do lulismo, pelo menos a sua dupla Dom e Ravel – os esquecidos autores do "Eu te amo, meu Brasil", hit do gênero no auge da ditadura militar. Enquanto <u>os compositores esquentam seus tamborins</u>, o chefe da República lhes estimula a criatividade."Deixamos de ser um país de segunda classe. Ganhamos cidadania internacional", afirmou o presidente Lula depois da conquista olímpica, anunciada na Dinamarca. <u>Se a epopeia nacionalista é certeira como uma flecha no centro do alvo</u>, a realidade, cheia de contradições e matizes, sempre frustra o espírito ufanista. O Brasil vai hospedar a Olimpíada de 2016, mas o México já organizou os Jogos, em 1968, sem ter se emancipado, de lá para cá, do semidesenvolvimento. Os emergentes aumentaram sua presença nos fóruns de governança global, mas a relação entre Estados Unidos e China é, de longe, a preponderante para o futuro da economia mundial. Em assuntos que envolvem poderio militar, o status brasileiro é quase periférico. Apesar do furor propagandista do Itamaraty, o incidente em Honduras não tem dimensão para tornar-se referência de nada relevante que diga respeito ao <u>peso</u> específico do Brasil no continente. É estranho, aliás, vangloriar-se de atitudes que anularam a capacidade de mediação da representação brasileira. <u>Com a lupa voltada para dentro</u>, sobre as condições de vida da maioria da população brasileira, <u>a toada ufanista perde muitas vezes a afinação</u>.

Um "país de segunda classe" é o diagnóstico inapelável dos testes que comparam o desempenho de nossos estudantes com os de outras nações. O Brasil se sai bem pior até no cotejo com países de renda per capita equivalente. Na saúde, o padrão se repete. Em pleno século 21, metade da população não tem acesso a rede de esgoto. Mais de 6 milhões de brasileiros vivem em favelas. De que o Brasil passa por um momento de melhora contínua em muitos desses aspectos – fenômeno caudatário de con-

> *quistas acumuladas sobretudo nas duas últimas décadas de redemocratização–, não resta dúvida. Ocorre, em paralelo, <u>uma onda de reconhecimento internacional</u> desses avanços. É preciso, contudo, enfatizar que o Brasil ainda está longe de patamares satisfatórios de bem-estar e desenvolvimento, pois partiu tarde, e caminha devagar, rumo a sua conquista. <u>Quando se ensaiam os primeiros acordes de um tema velho</u>, é sempre bom lembrar que <u>os patrocinadores do ufanismo do passado –alguns decantados pelo presidente Lula–</u> estão entre os responsáveis pelo nosso atraso.*

(Editorial, Folha de S. Paulo, 05/10/2009)

Em um primeiro, a forma como se organizam os enunciados textuais permitem que o intérprete o considere, preponderantemente, dissertativo, sendo certo que podemos dividi-lo nas três partes clássicas que compõem todo texto desta natureza: introdução, desenvolvimento e conclusão.

INTRODUÇÃO: Do início do texto até o final do primeiro parágrafo, quando o enunciador estabelece o tema a ser desenvolvido, qual seja o uso político da eleição brasileira para sediar a Copa do Mundo de 2014;

DESENVOLVIMENTO: nos parágrafos seguintes, o autor vai desenvolver uma série de argumentos favoráveis e contrários ao uso político a fim de valorizar o Brasil "de fora para dentro";

CONCLUSÃO: no último parágrafo, o enunciador encerra seu texto, retomando o que foi colocado no primeiro parágrafo, concluindo pelo perigo do uso político do evento em análise para maquiar a verdade preocupante que envolve a realidade econômica e social do Brasil.

Antes de prosseguirmos na análise, apresentamos, de modo resumido, os principais tipos de argumentação presentes em textos dissertativos, que vai ajudar o intérprete na analise detida do conteúdo do texto em epígrafe.

> 2.1.1 Argumentação – A Retórica é a área do conhecimento que estuda a argumentação desenvolvida com base no convencimento de plateias (em sentido amplo).

Veja que o argumento tanto é melhor quanto desenvolvido de maneiras precisas e observando certas regras retóricas, tais como passamos a desenvolver neste tópico.

– **objeção de tese** – A estratégia aqui reside em expor em primeiro lugar a tese contra a qual o enunciador pretende desenvolver seu ponto de vista, com a finalidade de que, na oposição das duas teses, a sua seja considerada como a *mais adequada*.

– **argumento de autoridade** – é aquele em que há utilização do discurso de algum autor de renome ou de uma pesquisa ou dado estatístico fidedigno a fim de reforçar a tese que se defende.

– **argumentação analógica** – é aquela do tipo "se serve para aquele caso, serve para este caso semelhante também". Geralmente tem teor metafórico.

– **argumentação ilustrativa** – o enunciador pode ser valer de uma ilustração (fato extraído da realidade) para dar maior força ao argumento, o que nos leva, novamente, à leitura do texto em análise para depreender quais estratégias estão sendo utilizadas no caso em análise.

No primeiro parágrafo (INTRODUÇÃO), o enunciador do texto trata dos fatos que vêm inflando o discurso ufanista por parte do governo:

– A escolha do Rio para sediar os Jogos Olímpicos;

– o ganho de peso do G20 no debate global;

– a diminuição do risco de investir no Brasil;

– o impacto atenuado da crise mundial;

– participação na crise de Honduras

A seguir, no <u>desenvolvimento</u> do texto, o autor vale–se de <u>objeção de tese</u> para explicar o que o levou a desenvolver sua argumentação contrária a postura governamental:

"Deixamos de ser um país de segunda classe. Ganhamos cidadania internacional", afirmou o presidente Lula depois da conquista olímpica, anunciada na Dinamarca.

Em seguida, o enunciador passa a argumentar que os episódios enunciados na introdução do texto não garantem o sucesso do Brasil e uma possível *cidadania internacional*.

Para tanto, vale-se de argumento analógico (em relação ao México) e ilustrativo (sempre que faz referência a fatos em concreto). Veja:

> *– O Brasil vai hospedar a Olimpíada de 2016, <u>mas</u> o México já organizou os Jogos, em 1968, sem ter se emancipado, de lá para cá, do semidesenvolvimento;*

> *– Os emergentes aumentaram sua presença nos fóruns de governança global, <u>mas</u> a relação entre Estados Unidos e China é, de longe, a preponderante para o futuro da economia mundial. Em assuntos que envolvem poderio militar, o status brasileiro é quase periférico;*

> *– Apesar do furor propagandista do Itamaraty, o incidente em Honduras não tem dimensão para tornar-se referência de nada relevante que diga respeito ao peso específico do Brasil no continente. É estranho, aliás, vangloriar-se de atitudes que anularam a capacidade de mediação da representação brasileira.*

Observe que, dos cinco argumentos favoráveis à tese contrária (a de que o Brasil ganhou *cidadania internacional*), três são rebatidos através deste tipo de estratégia e são refutados como evidência de real crescimento do Brasil no cenário mundial.

A seguir, passa a argumentar de acordo com a sua tese de que o Brasil seria *Um "país de segunda classe"*, o que faz também por meio de ilustrações:

> *– é o diagnóstico inapelável dos testes que comparam o desempenho de nossos estudantes com os de outras nações. O Brasil se sai bem pior até no cotejo com países de renda per capita equivalente;*

> – Na saúde, o padrão se repete. Em pleno século 21, metade da população não tem acesso a rede de esgoto. Mais de 6 milhões de brasileiros vivem em favelas.

> Por fim, quando trata de outros dois argumentos que dariam validade à empolgação do Brasil frente aos avanços experimentos, não nega sua ocorrência, no entanto, não atribuiu tais ocorrências ao governo:

> – de que o Brasil passa por um momento de melhora contínua em muitos desses aspectos – fenômeno caudatário de conquistas acumuladas sobretudo nas duas últimas décadas de redemocratização–, não resta dúvida;

> – Ocorre, em paralelo, uma onda de reconhecimento internacional desses avanços.

Então, para <u>concluir</u> o texto, após a concessão e reconhecimento de certos avanços, o enunciador retoma a tese inicial e procura enfraquecer o discurso ufanista empregado pelo governo:

> É preciso, contudo, enfatizar que o Brasil ainda está longe de patamares satisfatórios de bem-estar e desenvolvimento, pois partiu tarde, e caminha devagar, rumo a sua conquista. Quando se ensaiam os primeiros acordes de um tema velho, é sempre bom lembrar que os patrocinadores do ufanismo do passado –alguns decantados pelo presidente Lula– estão entre os responsáveis pelo nosso atraso.

7.3.2.2. coerência argumentativa e textos jurídicos

Outro tema que é de extrema necessidade para que o leitor torne sua leitura mais produtiva é a incorporação de algumas ferramentas que nos são fornecidas pela teoria linguística conhecida como pragmática, ou teoria dos atos da fala.

Por mais que se pense que o ato de ler, compreender e interpretar textos é ato que pressupõe certa liberdade ao destinatário, fato é que o sentido a ser apreendido já se encontra marcado no texto, por isso a boa leitura sugere que o leitor tenha conhecimento de certos aspectos que implicam o estudo da pragmática.

Observe a peça jurídica abaixo e as explicações a seguir:

! Construindo a Peça Jurídica:

Veja a seguir o desenvolvimento de texto dissertativo em razões de apelação criminal:

> "Impõe-se a reforma da decisão proferida pelo Tribunal do Júri, uma vez que em total desacordo com as provas dos autos, fato este ocorrido em virtude da habilidade com que o DD. Representante do Ministério Público paulista, que manipulou os dados contidos no processo para transformar meras conjecturas em indícios de autoria delitiva, conforme se expõe a seguir:
>
> I) Breve relato dos fatos e ocorrências processuais
>
> O réu foi processado como incurso nas penas do art. 121, §2º I e IV do Código Penal, isto porque,xxxx, em arranjo com demais comparsas não identificados, teria matado, mediante disparos de arma de fogo, **xxxx**, conforme exame necroscópico de fls.
>
> Concluída a fase investigativa, contra o réu foi oferecida denúncia, recebida pelo juízo 'a quo' que, posteriormente, entendeu por bem pronunciá-lo, uma vez que entendera pela existência de materialidade delitiva e indícios de autoria.
>
> Submetido a Júri popular, foi surpreendido com a condenação de 15 anos de reclusão, conforme consta da decisão de fls,
>
> II) Da prova dos autos e da dissonância da decisão dos jurados
>
> Nobres Julgadores, a decisão proferida pelo juízo 'a quo' foi proferida com base em votação dos jurados em absoluto desacordo com o conjunto probatório, senão vejamos:
>
> Como efeito, o libelo acusatório do Ministério Público teve como base dois elementos dos autos, a saber: o primeiro, **depoimento**

da esposa da vítima em juízo; e o segundo os **maus antecedentes do acusado**, que já teria sido processado por crime de porte ilegal de armas, receptação e que atualmente teria contra ele inquérito policial para apurar a participação deste em crime de roubo.

Ora, como se sabe, é a harmonia do conjunto probatório que habilita o julgador a decidir-se pela procedência ou não da demanda. Como se pode observar da análise dos autos, **o depoimento judicial da esposa da vítima resta isolado das demais provas dos autos. Inclusive não encontra consonância com depoimentos anteriores da mesma testemunha.**

Na fase de inquérito, a esposa da vítima alegou que o réu "por diversas vezes compareceu em sua residência a fim de chamar seu marido para uma conversa" (fls. xx), pois ele era tido como informante e colaborador da força policial na região de xxxxx.

A testemunha ainda mencionou que o acusado "e outros estavam a ameaçar a vida de seu marido; que participaram do referido homicídio provavelmente entre oito e dez indivíduos" e que ela não teria presenciado os fatos, tendo tão somente ouvido disparos de arma de fogo que, como veio a saber, foram responsáveis pela morte de seu marido." (fls. xx)

O registro de ocorrência formulado pela Polícia Militar, realmente, dá conta de que a esposa da vítima não presenciara os fatos, uma vez que descreve a vítima sem identificá-la (nome "desconhecido", residência "ignorada", fls. xx). Ora, por óbvio, se ela tivesse presenciado a ocorrência, teria fornecido os dados da vítima ao miliciano.

Estranhamente, o depoimento da referida testemunha muda em fase judicial (após já ter prestado dois depoimentos anteriores nos quais afirma não ter presenciado a ocorrência), quando a mesma passa a afirmar que presenciou os fatos e que o réu fora o autor do relatado homicídio.

Ocorre que, além de não conferir com seus depoimentos anteriores, da mesma forma, não encontra ressonância nas demais provas colhidas nos autos.

Veja que **a dona do estabelecimento onde a vítima teria sido alvejada afirma que** "teria perdido os sentidos e as vistas ficaram brancas e assim não presenciou quem foi ou foram os autores dos disparos que vitimaram XXXX" (fls. XX).

Por sua vez, **o acusado afirma ao longo de todo o processo que** "nega que tenha praticado o crime. Conhecia a vítima da vizinhança (...) Soube por sua tia que a vítima havia sido morta, no mesmo dia. No dia estava trabalhando na casa do senhor XX. Chegou em casa no dia dos fatos por volta das 19 h 30 min." Além disso, em seu depoimento a fls. XXXX assevera que, de fato, tivera uma discussão com a vítima, mas que o caso já tinha sido resolvido; que a vítima tinha atrito com diversas pessoas do bairro e que fora reconhecida somente por fotografia, na delegacia, pela esposa da vítima.

Veja que **esta alegação está em consonância com o depoimento das testemunhas de defesa que aduzem**, cada uma a seu turno que o acusado, no dia do ocorrido, estaria, de fato, na residência do senhor XXX, no bairro do XXX, realizando serviço de pintura, na qualidade de ajudante do senhor XXXX e que por ela esteve ao longo de todo o dia, desde às 7 horas da manhã (fls. XXXX).

Cumpre ressaltar também que, tanto no DP da circunscrição dos fatos, quanto a especializada, DHPP, apresentaram relatório final acerca do caso, dando pela impossibilidade de se concluir pela autoria delitiva, por insuficiência de provas neste sentido (fls. XXX).

Por sinal, a fls. XXX, a autoridade policial afirma que: "*Apesar dos esforços empreendidos por esta Equipe Especializada não foi possível esclarecer a autoria delitiva. (...)*"

Notem, Nobres Julgadores, que **o conjunto probatório está a demonstrar justamente o contrário do decidido pelo Tribunal do Júri que, a partir de ilações e conjecturas do representante do Ministério Público, acabou por condenar o acusado em desacordo com a prova dos autos!!!!**

Ora, se em decisão anterior, Vossa Excelências entenderam pela possibilidade de pronúncia do acusado, por se tratar de mera fase de colheita de indícios de autoria, os Preclaros Magistrados hão de convir que, as mesmas provas não poderiam servir para condenar o acusado como efetivamente o autor do crime em apreço.

Isto porque, reafirma-se que **NENHUMA PROVA FOI ATUALIZADA PELA ACUSAÇÃO na fase plenária, trabalhando com os mesmos indícios remotos que não apontam a efetiva autoria delitiva**.

Como se disse no preâmbulo deste capítulo de razões de apelação, **o membro do Ministério Público, com sua eloquência discursiva, pautou seu libelo acusatório em depoimento absolutamente contrário às demais provas dos autos e nos maus antecedentes do réu para conjecturar a respeito da atuação deste na empresa delitiva relatada.**

Ora, como se sabe, **reincidência, maus antecedentes são meios de prova hábeis apenas para tratar da dosimetria da pena do acusado e não para comprovar sua participação no crime em análise.**

E foi justamente isto que o Ministério Público fez em plenário, induzindo os jurados em erro, dando a entender que os crimes anteriores e o fato da mulher da vítima reconhecer o réu como aquele que discutira com seu esposo em episódio absolutamente diverso do homicídio, permitiria reconhecer tais elementos como prova indiciária apta à condenação do acusado!

Ora, tal manobra discursiva absolutamente ardilosa não pode ser admitida por este juízo 'ad quem' como suficiente para manter homem inocente condenado a 15 anos de crime do qual sequer tinha conhecimento!

É entendimento deste Tribunal que *"Os indícios de autoria não se confundem com mera conjectura, porque indícios são sensíveis, reais, ao passo que a conjectura, muitas vezes, funda-se em criação da imaginação de possíveis antipatias, não provadas. O indício, bem ao contrário, deve ser necessariamente provado."* (JTJ 156/296)

Desta forma, a decisão deve ser anulada e novo Júri realizado, uma vez que absolutamente contrária à prova dos autos!

III) Da Inexistência de qualificadoras

Caso os Nobres Julgadores entendam pela manutenção da decisão de fls., o que só se admite para argumentar, as qualificadoras devem ser afastadas, por ser medida de justiça, nos moldes desta tese subsidiária.

Afirma a acusação haver o acusado agido por motivo torpe, consistente em vingança, provocada pelo fato de a vítima informar à Polícia sobre delitos cometidos na região onde residia.

O próprio acusado, em seu interrogatório, afirmou já haver discutido com a vítima, por esta ter supostamente tirado sua fotografia e levado à Polícia. Negou, contudo, haver proferido qualquer ameaça ao ofendido (fls. xxx).

E, ainda, na fase policial, afirmara à autoridade policial que o ofendido tinha fama de "cagueta" no bairro e que costumava também 'mexer' com as mulheres dos outros, razões pelas quais muitas pessoas não gostavam dele. Narrou ainda ocorrências pretéritas que teriam desagradado XXX, moradores da região que frequentemente conflitavam com o ofendido.

Do que se depreende dos autos, portanto, nenhuma razão teria o acusado para atentar contra a vida do ofendido. E ainda que o houvesse feito, e pelo motivo narrado na denúncia – suposta delação à polícia – nenhuma torpeza neste caso se verificaria, considerando-se o acusado como pessoa trabalhadora e sem envolvimento em crimes.

A par disto, afirma ainda acusação haver o acusado se utilizado de recurso que dificultou a defesa do ofendido, por terem sido os disparos de surpresa, o que não se pode afirmar, à míngua de prova nos autos neste sentido e também porque quem arruma confusão com todo o bairro e especialmente com meliantes, deve supor que, cedo ou tarde, terá sua vida colocada em perigo.

Ora, a própria esposa do ofendido narrou, ao longo das investigações policiais, bem como em juízo, as ameaças pessoais e telefônicas suportadas pelo ofendido. Assim, reafirma-se que certamente teria razões para esperar o ataque sofrido, ou ao menos para dele suspeitar.

De rigor, portanto, o afastamento das circunstâncias qualificadoras, a serem levadas em consideração na individualização da pena do acusado em eventual condenação, o que não se espera.

IV – PEDIDO

Diante do exposto, espera o condenado serenamente seja o presente recurso conhecido e provido para que seja designado novo julgamento pelo Tribunal do Júri, com fundamento no art. 593, III, 'd' do Código de Processo Penal e, subsidiariamente, caso não seja este o entendimento de Vossa Excelências, requer sejam afastadas as qualificadoras, pelas razões acima apresentadas, reformando-se parcialmente a decisão de fls., por ser medida de justiça!

Local, Data.

Notem que a peça jurídica é desenvolvida basicamente por meio da concatenação de argumentos, sendo que os fatos servem apenas como mecanismo de ilustração do que se argumenta. Está evidente no trecho acima, pois, a existência de um texto dissertativo do tipo argumentativo, com introdução, desenvolvimento e conclusão.

INTRODUÇÃO: "Impõe-se a reforma da decisão proferida pelo Tribunal do Júri, uma vez que em total desacordo com as provas dos autos, fato este ocorrido em virtude da habilidade com que o DD. Representante do Ministério Público paulista, que manipulou os dados contidos no processo para transformar meras conjecturas em indícios de autoria delitiva, conforme se expõe a seguir:"

DESENVOLVIMENTO: São as teses, ou seja: Breve relato dos fatos e ocorrências processuais; Da prova dos autos e da dissonância da decisão dos jurados; Da Inexistência de qualificadoras.

CONCLUSÃO: É o pedido, ou seja: Diante do exposto, espera o condenado serenamente seja o presente recurso conhecido e provido para que seja designado novo julgamento pelo Tribunal do Júri, com fundamento no art. 593, III, 'd' do Código de Processo Penal e, subsidiariamente, caso não seja este o entendimento de Vossa Excelências, requer sejam afastadas as qualificadoras, pelas razões acima apresentadas, reformando-se parcialmente a decisão de fls., por ser medida de justiça!

– Retórica e Argumentação Jurídica

Um dos aspectos mais interessantes da atividade do advogado é justamente a sua capacidade argumentativa. É notável como certos filmes e seriados norte-americanos exploram esta característica do discurso forense em toda sua magnitude.

Também nós, estudantes de direito, somos atraídos por este aspecto da linguagem jurídica, nada nos parecendo mais belo do que vencer um caso difícil graças à nossa capacidade de comover nossos pares e convencê-los por meio do desencadeamento de um raciocínio lógico.

A retórica é ramo do saber que se ocupa das teorias e técnicas que permitem ao produtor de determinado texto dominar sua plateia e influenciá-la a ponto de permanecer atenta a respeito daquilo que discursa.

Basta você se lembrar das aulas daqueles professores que mais admirou e refletir sobre as estratégias que ele utilizava para prender sua atenção: a adequada utilização da dicção, a presença física, a empatia que criava com a turma; também a utilização de exemplos e estratégias que faziam os alunos se convencerem que aquilo que aquele professor falava, de fato, era a verdade.

Pois bem. Os primeiros aspectos levantados no parágrafo anterior pertencem àquilo que tratamos como estratégias retóricas no campo da oratória (que não é objeto deste nosso livro, embora seja tema importante para o sucesso de todo advogado); já os segundos aspectos, pertencem aos domínios do que denominamos retórica propriamente e argumentação.

Raciocínio lógico-dedutivo

Para fins de Exame de Ordem, basta que o candidato domine adequadamente o raciocínio lógico-dedutivo que também conhecemos por silogismo para que consiga sucesso na argumentação de sua peça prático-profissional.

EXEMPLO DE SILOGISMO

> *"Todo homem é ser mortal"* (premissa maior)
> *"Sócrates é homem"* (premissa menor)
> *"Logo, Sócrates é ser mortal"* (conclusão)

- é possível substituir os sujeitos da oração (Sócrates e Todo Homem) por "S" e os predicados (ser mortal e homem) por "P".
- Dessa forma, chegamos a um esquema abstrato do tipo S (é) P.
- **TODO HOMEM (É) SER MORTAL**
  (S) (P)
- Notem que esse esquema pode ser preenchido por QUALQUER sujeito e por QUALQUER predicado.

SILOGISMO JURÍDICO

Na área jurídica, a premissa maior é a lei, a premissa menor é o fato e a conclusão se infere pela aplicação da primeira à segunda:

- **PREMISSA MAIOR (NORMAS JURÍDICAS)**
- **PREMISSA MENOR (FATO)**
- **CONCLUSÃO (APLICAÇÃO DA NORMA)**

! Veja:

> *"As quatro primeiras reclamadas compõem efetivamente grupo econômico. Valem-se do mesmo nome fantasia, compartilham as mesmas instalações físicas e dispõem dos mesmos representantes judiciais e extrajudiciais (documentos juntados às fls. 65 e seguintes). Responsabilidade solidária confirmada, consoante artigo 2º, par. 2º, da Consolidação das Leis do Trabalho."*

- **PREMISSA MAIOR: ART 2º, §2º CLT**

- **PREMISSA MENOR:** "as quatro primeiras reclamadas compõem efetivamente grupo econômico. (...).
- **CONCLUSÃO: Logo,** "Responsabilidade solidária confirmada, consoante...

Uma vez exposta a forma como nosso pensamento deve se desenvolver, cabe uma reflexão, ainda que breve, a respeito da argumentação. Leia, a seguir, trecho de texto de Padre Antonio Vieira, que é uma verdadeira lição sobre a adequada argumentação.

> *"(...) O sermão há de ser duma só cor, há de ter um só objeto, um só assunto, uma só matéria.*
>
> *Há de tomar o pregador uma só matéria, há de difini-la para que se conheça, há de dividi-la para que distinga, há de prová-la com a Escritura, há de declará-la com a razão, há de confirmá-la com o exemplo, há de amplificá-la com as causas, com os efeitos, com as circunstâncias, com as conveniências que se hão de seguir, com os inconvenientes que se devem evitar, há de responder às dúvidas, há de satisfazer as dificuldades, há de impugnar e refutar com toda a força da eloquência os argumentos contrários, e depois disto há de colher, há de apertar, há de concluir, há de persuadir, há de acabar. Isto é sermão, isto é pregar, e o que não é isto, é falar de mais alto. Não nego nem quero dizer que o sermão não haja de ter variedade de discursos, mas esses hão de nascer todos da mesma matéria, e continuar e acabar nela."*

De tal texto, podemos depreender que:

- O texto deve ter unidade, ou seja tratar de só um objeto; lembre-se: o texto que fala de tudo acaba não falando de nada!;
- Utilização de argumento de autoridade (citação de discurso alheio que comprove nosso argumento);
- Utilização do raciocínio ou razão para estabelecer correlações lógicas entre as partes do texto, apontando as causas e efeitos da afirmação;

▶ O pregador deve cuidar de confirmar com exemplos adequados as afirmações que faz;

▶ É preciso refutar os argumentos contrários; um texto para ser convincente não pode fazer de conta que não existam opiniões opostas, deve tratá-las e refutá-las

A respeito das peças jurídicas, podemos utilizar, em concreto, dos seguintes tipos de argumentos:

– argumento de autoridade;

Ora, é importante arrematar aquilo que foi asseverado na peça jurídica por meio daquilo que denominamos de argumento de autoridade. O que isto significa? Significa que, por vezes, não basta afirmarmos alguma coisa, é necessário que tragamos o texto de algum autor 'mais conhecido, com mais autoridade', que diga a mesma coisa.

No Direito, o argumento de autoridade por excelência é o texto legal; também não podemos descartar o texto jurisprudencial e o doutrinário. No entanto, como sabemos, em Exame de Ordem atualmente, os candidatos podem analisar somente as Codificações, as quais contêm apenas legislação e Súmula. Sendo assim, por ora, são estes os únicos argumentos de autoridade que podem ser utilizados.

Formas de referência de argumento de autoridade

O candidato pode fazer este tipo de citação de duas maneiras: por meio do que chamamos de citação e também por paráfrase.

Citação, como sabemos, citação é forma de referência por meio da qual o enunciador do texto dá voz diretamente ao autor do texto, separando sua voz da voz daquele por meio de aspas (" "), que são verdadeiros arames farpados a separar as vozes do discurso. Veja:

> "De acordo com o artigo 927 do Código Civil: "Aquele que, por ato ilícito (arts. 186 e 187), causar dano a outrem, fica obrigado a repará-lo."

Paráfrase é estratégia de referência por meio da qual, de certa forma, nos apropriamos do discurso alheio. Parece o mais adequado para exame de ordem. Veja:

> *"De acordo com o artigo 927 do Código Civil, temos que todo aquele que pratica ato ilícito, é obrigado a repará-lo."*

– argumento lógico;

Argumento lógico, é aquele que decorre da análise lógica (concatenada) de determinado fato. Vimos muito isto quando exploramos o exemplo de peça criminal no item que fala sobre a dissertação. Veja:

> *"Não foram encontrados quaisquer coautores do crime, logo não há que se falar em concurso de pessoas".*

– argumento exemplificativo;

Este tipo de argumento pode ser utilizado para elucidar melhor determinado ponto de vista que pode não ter ficado claro ao longo de uma argumentação lógica ou como meio de concluir determinado argumento de autoridade.

– argumento analógico

Por vezes, devemos resolver um caso por analogia, devendo-se apenas tomar o cuidado de não confundi-la como a interpretação extensiva. É considerado analogia utilizar uma regra que trata de locação para contratos de comodato. Neste caso, em virtude de semelhança relevante entre os institutos, cria-se uma nova regra para o comodato.

No caso da lei considerar mediador aquele que induz as partes para a conclusão de um negócio e o intérprete considerar também mediador também aquele que colabore na conclusão do negócio, quando as partes já iniciaram as tratativas por conta própria, há interpretação extensiva, pois há apenas a redefinição de um termo (mediador) e não a criação de nova norma.

A fim de encerrarmos este tema crucial para a boa atuação do candidato a aprovação em Exame de Ordem e aproveitando para retomar os métodos de interpretação da norma jurídica, retomamos em linhas gerais este tema para, em seguida realizarmos análise de fundamentação e argumentação em decisão contida em voto de Ministro do STF.

F) Métodos de aplicação do raciocínio jurídico

Com base na análise das escolas hermenêuticas do direito, criou-se tradição, também adotada no Brasil, de sistematizar os meios de interpretação da norma, que passamos a expor.

A tradição jurídica pátria assinala as seguintes espécies de interpretação da norma: as que consideram o sujeito de que emana a norma (quanto à origem); as que consideram os métodos de interpretação (quanto ao método); as que consideram o alcance da norma (quanto ao alcance).

F.1. Interpretação quanto à origem.

Subdivide-se em:

- Autêntica;
- Judicial;
- Doutrinária;

Interpretação Autêntica. É aquela realizada pelo legislador, que expõe os motivos para a elaboração da norma jurídica, bem como os aspectos que levou em consideração para a elaboração desta.

Poderia ser tomada como a interpretação genuína, pois, em tese, nada como aquele que criou o texto para lhe conferir o real alcance e sentido.

No entanto, sabemos que, uma vez produzido, o texto ganha vida no corpo social em que circula, tornando-se, muitas vezes, desprovida de atualidade a interpretação autêntica da norma, especialmente se o que é considerado é a norma jurídica objetivamente, e não a impressão (subjetivamente) do autor do texto jurídico.

Interpretação Judicial. A todo o momento, os magistrados realizam a tarefa de aplicar a norma ao caso concreto.

Proferir uma decisão judicial significa tornar o comando legal, geral e abstrato, em norma particular, considerando os aspectos do caso em concreto. Neste momento, o magistrado deve se valer de todo o seu conhecimento para extrair da lei o seu real significado, quando confrontado com a demanda em análise.

Interpretação Doutrinária. Diz respeito ao parecer dos renomados juristas a respeito de determinado texto legal. Todos nós sabemos que, toda vez que nova lei passa a integrar o ordenamento jurídico, surgem diversas dificuldades em se determinar o seu real alcance e sentido.

É esta oportunidade de a comunidade jurídica se deter na leitura de textos de comentaristas das leis que, a cada alteração legislativa, abastecem o mercado jurídico com várias obras cuja finalidade é de interpretar o novo texto legal, influenciando diretamente a interpretação dos operadores do direito, em especial do juiz, criando nessa simbiose o que chamamos de jurisprudência.

Muitas vezes, é graças aos estudos de doutrinadores que se torna possível a criação de um novo instituto no âmbito jurídico. Caso exemplar é o instituto da união estável que, de construção doutrinária, por meio de textos forenses, tornou-se jurisprudências (Súmula 385 do STF) e, desde o advento do atual Código Civil, tornou Instituto reconhecido por nossa legislação.

F.2 Interpretação quanto ao método.

Levando-se em consideração o método utilizado para a aplicação da norma, expõem-se os ensinamentos da escola tradicional e da escola científica de Geny. Há autores que entendem que há uma ordem de utilização dos métodos que deveria ser observada, cuja ordem seria:

Método gramatical. A interpretação gramatical seria a primeira forma de se ter contato com a norma jurídica. O legislador, para traduzir seu pensamento e fazê-lo circular em sociedade, deve expressá-lo por meio de intermediário lingüístico.

E o pensamento vai se desenvolvendo por meio de estruturas sintáticas e escolhas semânticas. É justamente por meio da interpretação gramatical que se torna possível depreender o sentido e alcance da norma.

Método lógico-sistemático. Uma palavra, isoladamente, não possui necessariamente o mesmo significado quando colocada em determinado contexto discursivo. Do mesmo modo, uma oração, uma frase e um texto como um todo ganham maior sentido quando confrontado com os demais que pertencem ao mesmo universo discursivo.

É assim que a tarefa do intérprete da lei, iniciada gramaticalmente, ganha realce com o confronto de seus ditames de acordo com os preceitos da lógica formal, além de considerar aquele artigo de lei, aquele parágrafo, inciso ou alínea, não isoladamente, mas como parte integrante de um todo legislativo, quando ganha maior significação.

Atualmente, todos os ramos do direito devem ser interpretados de acordo com os mandamento e princípios constitucionais, sendo comum se falar em Direito Civil Constitucional, Direito Penal Constitucional etc.

Método Histórico. É preciso que o intérprete faça uma análise diacrônica da norma jurídica, ou seja, de seus antecedentes históricos, as motivações de determinado legislador em determinado tempo para a elaboração de um texto legal.

É o que Maximiliano chamaria de ocaso jurídico, alinhado com as lições de Savigny e Puchta que pretendiam ver na história de determinada civilização a sintaxe do discurso jurídico, apontando para um direito decidido caso a caso, na medida da evolução de determinada sociedade.

Seria por este mecanismo que se aproximaria a vontade da lei, expressa pelo legislador, dos anseios de determinada sociedade. Havendo discrepância entre ambos, dever-se-ia operar a revogação da norma pela conduta social consolidada em um costume.

Método Sociológico. Além de uma análise diacrônica, muitas vezes é necessário fazer um recorte de determinado momento histórico para depreender, agora sob o método sincrônico, as causas sociais que influenciaram na aplicação de determinada norma.

Ora, os valores sociais compartilhados em determinado tempo e espaço só podem ser diversos daqueles que permeiam a sociedade em outro tempo e espaço. É aí que a análise sociológica das normas jurídicas ganha maior relevo.

Método Teleológico. Neste caso, o que se busca é a *mens legis* no que concerne à sua finalidade, baseado nos estudos das escolas alemãs que dão especial relevo à finalidade da lei quando foi elaborada, para além da sucinta análise de seus elementos meramente formais e gramaticais.

Este tipo de interpretação e de pensar o direito guarda relação direta com recentes julgamentos de nosso Pretório Excelso quando, por exemplo, tratam das leis de cotas para ingresso em ensino superior, o que causa ásperos embates jurídicos entre aqueles que entendem que a igualdade formal e material não pode coexistir com diferenciações raciais para beneficiar os indivíduos.

F.3 Interpretação quanto ao alcance – a fim de determinar o que pretendia o legislador na elaboração da norma, com vistas a adequar sua aplicação na análise dos casos em concreto, propõem-se as seguintes possíveis interpretações quanto ao alcance:

Interpretação Declarativa. O intérprete, diante da clareza do texto legal, deveria apenas declarar seu sentido e alcance, aplicando-o exatamente do modo como foi publicado, sem estendê-lo ou restringi-lo com vistas a conformar a vontade da lei ao caso em concreto.

No caso, por exemplo, da determinação legal de que a menoridade penal cessa aos 18 anos, não caberia ao intérprete reconhecer a aplicação de pena a um rapaz que conta com 17 anos, 11 meses e 29 dias, por entender que já teria discernimento suficiente para compreender a conduta ilícita de seu ato. Ora, se o legislador disse 18 anos, não quis dizer nem mais nem menos, tampouco atribuir este juízo ao arbítrio do intérprete.

Interpretação Extensiva. Neste caso, o intérprete amplia o alcance da norma, procedendo a uma análise extensiva de seus ditames, a fim de aproximá-lo do caso em concreto.

É sempre bem-vindo o exemplo de Bobbio, no qual se aplicaria norma que prevê a proibição de circulação de textos pornográficos em determinada região na hipótese de haver um Compact Disc (CD) com conteúdo pornográfico, com vistas a cumprir o comando legal. Nestes casos, sempre quanto mais abrangente a definição legal do objeto, menor a necessidade a aplicação de interpretação desta natureza.

Interpretação Restritiva. Neste caso, à luz do caso em concreto, o intérprete limita o alcance da norma, a fim de ajustar a vontade da lei. Seria o caso, por exemplo de dar interpretação adequada a norma que proíbe a circulação de animais nas estações de trem de determinado local.

Este episódio, inclusive, ocorreu na cidade de São Paulo, onde uma advogada com deficiência visual foi sistematicamente proibida de ingressar no Metrô com o auxílio de um cão-guia, diante do impeditivo legal. Ora, coube ao Judiciário dar interpretação restritiva à proibição, a fim de torná-la conforme os anseios previstos na Constituição, de liberdade de locomoção do cidadão e da dignidade da pessoa humana, uma vez que impedir a entrada de animais, nesse caso, impediria a gozo de um bem colocado pelo Estado à disposição de todas pessoas, portadoras de deficiência ou não.

7.3.2.3. Interpretando uma decisão judicial

Veja abaixo o voto do Ministro Marco Aurélio de Melo na Ação Declaratória de Inconstitucionalidade em que se requer a aplicação analógica do art.1723 do Código Civil para que seja aplicado também a relações homoafetivas:

> *Ação Direta de Inconstitucionalidade 4.277 Distrito Federal*
>
> *Relator : Min. Ayres Britto*
>
> *Reqte.(s) : Procuradora-geral da República*
>
> *Reqdo.(a/s) : Presidente da República*
>
> *Adv.(a/s) : Advogado-geral da União*
>
> *Reqdo.(a/s) : Congresso Nacional*
>
> *Intdo.(a/s) : Conectas Direitos Humanos*
>
> *Intdo.(a/s) : Associação Brasileira de Gays, Lésbicas e Transgêneros*
>
> *– Abglt*
>
> *Adv.(a/s) : Marcela Cristina Fogaça Vieira e Outro(a/s)*
>
> *Intdo.(a/s) : Associação de Incentivo À Educação e Saúde de São Paulo*
>
> *Adv.(a/s) : Fernando Quaresma de Azevedo e Outro(a/s)*
>
> *Intdo.(a/s) : Instituto Brasileiro de Direito de Família – Ibdfam*
>
> *Adv.(a/s) : Rodrigo da Cunha Pereira*
>
> *Intdo.(a/s) : Associação Eduardo Banks*
>
> *Adv.(a/s) : Reinaldo José Gallo Júnior*
>
> *Intdo.(a/s) : Conferência Nacional dos Bispos do Brasil – Cnbb*

Adv.(a/s) : João Paulo Amaral Rodrigues e Outro(a/s)

VOTO

O SENHOR MINISTRO MARCO AURÉLIO – Na assentada de ontem, proclamou-se o prejuízo parcial da Arguição de Descumprimento de Preceito Fundamental nº 132, levando-se em conta a edição de lei estadual que implicou a extensão dos benefícios previstos nos artigos 19, incisos II e V, e 33, incisos I a X e parágrafo único, do Decreto-Lei nº 220, de 18 de julho de 1975, do Estado do Rio de Janeiro, aos servidores públicos civis que tenham constituído uniões homoafetivas. O pedido residual de reconhecimento de incompatibilidade entre as decisões administrativas e judiciais mencionadas na petição inicial e a Constituição Federal foi recebido como ação direta de inconstitucionalidade com ADI 4.277 Distrito Federal 2 mesmo objeto da Ação Direta de Inconstitucionalidade nº 4.277. Considerada a identidade de pedidos, articulo um único voto sobre o tema. O pedido formulado pelo requerente é de aplicação do regime jurídico previsto no artigo 1.723 do Código Civil às uniões entre pessoas do mesmo sexo com a intenção de instituir família. De acordo com a interpretação de alguns, o regime estaria limitado às uniões entre homem e mulher. O requerente articula com a violação aos princípios e às regras constitucionais atinentes à liberdade, igualdade, dignidade e segurança jurídica. Defende ser obrigação constitucional do poder público a aplicação analógica do regime da união estável às uniões homoafetivas. Pois bem, eis o cerne da questão em debate: saber se a convivência pública, duradoura e com o ânimo de formar família, por pessoas de sexo igual deve ser admitida como entidade familiar à luz da Lei Maior, considerada a omissão legislativa. Em caso positivo, cabe a aplicação do regime previsto no artigo 1.723 do Código Civil de 2002? A corrente contrária a tal reconhecimento argumenta que o § 3º do artigo 226 da Carta da República remete tão-somente à união estável entre homem e mulher, o que se poderia entender como silêncio eloquente do constituinte no tocante à união entre pessoas de mesmo sexo. Além disso, o artigo 1.723 do Código Civil de 2002 apenas repetiria a redação do texto constitucional, sem fazer referência à união homoafetiva, a revelar a dupla omissão, o que afastaria do âmbito de incidência da norma a união de pessoas de sexo igual. Essa é a opinião que pode ser pinçada das decisões judiciais anexadas ao processo, compartilhada por Álvaro Villaça Azevedo ("União entre pessoas do mesmo sexo", Direito de família e sucessões, 2008, p. 17). Na mesma linha, a ADI 4.277 Distrito Federal 3 manifestação da Associação Eduardo Banks, admitida como amiga da Corte neste processo. Daí a dificuldade hermenêutica: seria possível incluir nesse regime uma situação que não foi originalmente prevista pelo legislador ao estabelecer a premissa para a consequência jurídica? Não haveria transbordamento dos limites da atividade jurisdicional? A resposta à última questão, adianto, é desenganadamente negativa. Em 19 de agosto de 2007, em artigo intitulado "A igualdade é colorida", publicado na Folha de São Paulo, destaquei o preconceito vivido pelos homossexuais. O índice de homicídios decorrentes da homofobia é revelador. Ao ressaltar a necessidade de atuação legislativa, disse, então, que são 18 milhões de cidadãos considerados de segunda categoria: pagam impostos, votam, sujeitam-se a normas legais, mas, ainda assim, são vítimas preferenciais de preconceitos, discriminações, insultos e chacotas, sem que lei específica a isso coíba. Em se tratando de homofobia, o Brasil ocupa o primeiro lugar, com mais de cem homicídios anuais cujas vítimas foram trucidadas apenas por serem homossexuais. No fecho do artigo fiz ver: felizmente, o aumento do número de pessoas envolvidas nas manifestações e nas organizações em prol da obtenção de visibilidade e, portanto, dos benefícios já conquistados pelos heterossexuais faz pressupor um quadro de maior compreensão no futuro. Mesmo a reboque dos países mais avançados, onde a união civil homossexual é reconhecida legalmente, o Brasil está vencendo a guerra desumana contra o preconceito, o que significa fortalecer o Estado Democrático de Direito, sem dúvida alguma, a maior prova de desenvolvimento social. ADI 4.277 Distrito Federal 4 No campo da atividade jurisdicional, ao negar a suspensão de liminar pretendida na Petição nº 1.984, embora por vários fundamentos, também acenei com a opinião ora veiculada. Há não mais de sessenta anos, na Inglaterra, foi intensamente discutido se as relações homossexuais deveriam ser legalizadas. As conclusões ficaram registradas no relatório Wolfenden, de 1957. Vejam que apenas seis décadas nos separam de leis que previam a absoluta criminalização da sodomia, isso no país considerado um dos mais liberais e avançados do mundo. Em lados opostos no debate, estavam o renomado professor L. A. Hart e o magistrado Lorde Patrick Devlin. O primeiro sustentava o respeito à individualidade e à autonomia privada e o segundo, a prevalência da moralidade coletiva, que à época repudiava relações sexuais entre pessoas de igual gênero1. Em breve síntese, Devlin afirmou a necessidade de as leis refletirem o tecido básico de composição da sociedade, que é exatamente a moralidade comum. Sem a moralidade, asseverava, haveria a desintegração da sociedade, sendo tarefa do Direito impedir a produção desse resultado. Manifestou-se pela máxima liberdade possível na vida privada dos indivíduos, desde que os atos praticados não contrariassem esse preceito reputado singelo, de defesa do mínimo ético. Questionava a própria utilidade do direito à liberdade quando acionado para tomar decisões que eram sabidamente prejudiciais ao indivíduo e à sociedade. Não se furtava a dizer que ninguém via na homossexualidade um bom projeto de vida – de fato, essa era a opinião comum. Interrogado sobre o que deveria ser considerado moralidade, recorreu ao juízo de uma pessoa. ADI 4.277 Distrito Federal 5 normal (right-minded person), o que foi criticado por Hart pela extrema vagueza. Afinal, o que é o juízo moral de uma pessoa comum? Segundo Hart, tais visões imputadas à moralidade comum não passavam de preconceito resultante da ignorância, do medo e da incompreensão, sentimentos incompatíveis com a racionalidade que deve ser inerente à ciência jurídica. Apontou quatro razões para refutar a posição de Devlin. Primeira: punir alguém é lhe causar mal, e, se a atitude do ofensor não causou mal a ninguém, carece de sentido a punição. Em outras palavras, as condutas particulares que não afetam direitos de terceiros devem ser reputadas dentro da esfera da autonomia privada, livres de ingerência pública. Segunda razão: o livre arbítrio também é um valor moral relevante. Terceira: a liberdade possibilita o aprendizado decorrente da experimentação. Quarta: as leis que afetam a sexualidade individual acarretam mal aos indivíduos a ela submeti-

dos, com gravíssimas consequências emocionais. Ao longo do tempo, os argumentos de Hart acabaram por prevalecer, ao menos relativamente à descriminalização da sodomia. Já se concluiu que o Direito sem a moral pode legitimar atrocidades impronunciáveis, como comprovam as Leis de Nuremberg, capitaneadas pelo Partido Nazista, que resultaram na exclusão dos judeus da vida alemã2. A ciência do Direito moralmente asséptica almejada por Hans Kelsen – a denominada teoria pura do Direito – desaguou na obediência cega à lei injusta, e a história já revelou o risco de tal enfoque. O Direito, por ser fruto da cultura humana, não pode buscar a pureza das ciências naturais, embora caiba perseguir a objetividade e a racionalidade possíveis. ADI 4.277 Distrito Federal 6 Por outro lado, o Direito absolutamente submetido à moral prestou serviços à perseguição e à injustiça, como demonstram episódios da Idade Média, quando uma religião específica capturou o discurso jurídico para se manter hegemônica. Como se sabe, as condenações dos Tribunais da Santa Inquisição eram cumpridas por agentes do próprio Estado – que também condenava os homossexuais, acusados de praticar a sodomia ou o "pecado nefando" que resultou, para alguns, na destruição divina da cidade de Sodoma, conforme é interpretada a narrativa bíblica. O jurista espanhol Gregório Peces- Barba Martínez (Curso de Derechos Fundamentales: teoría general, 1991, p. 32) assinala que a separação entre Direito e moral constitui uma das grandes conquistas do Iluminismo, restaurando-se a racionalidade sobre o discurso jurídico, antes tomado pelo obscurantismo e imiscuído com a moral religiosa. Em síntese, se não é possível conceber o Direito e a moral como duas esferas independentes, como queria Kelsen, também não se pode adotar a teoria dos círculos concêntricos, preconizada por Jeremy Bentham (citado por Paulo Nader, Introdução ao estudo do Direito, 2010, p. 42), que considera a ordem jurídica inteiramente circunscrita ao campo da moral. Moral e Direito devem ter critérios distintos, mas caminhar juntos. O Direito não está integralmente contido na moral, e vice-versa, mas há pontos de contato e aproximação. É fácil notar a influência da moral no Direito, por exemplo, em institutos como o casamento – no direito de família – e em tipos penais, como eram muitos dos denominados "crimes contra os costumes", os quais têm origem comum em sentimentos morais e religiosos. A afirmação peremptória de que o discurso jurídico não pode, sob nenhuma condição, incorporar razões morais para justificar proibições, permissões ou formatar instituições mostra-se equivocada, caso contrário a própria referência constitucional ao princípio da moralidade, ADI 4.277 Distrito Federal 7 presente no artigo 37, cabeça, da Carta Federal, haveria de ser tachada de ilegítima. Essa constatação, porém, não afasta outra: é incorreta a prevalência, em todas as esferas, de razões morais ou religiosas. Especificamente quanto à religião, não podem a fé e as orientações morais dela decorrentes ser impostas a quem quer que seja e por quem quer que seja. As garantias de liberdade religiosa e do Estado Laico impedem que concepções morais religiosas guiem o tratamento estatal dispensado a direitos fundamentais, tais como o direito à dignidade da pessoa humana, o direito à autodeterminação, o direito à privacidade e o direito à liberdade de orientação sexual. A ausência de aprovação dos diversos projetos de lei que encampam a tese sustentada pelo requerente, descontada a morosidade na tramitação, indica a falta de vontade coletiva quanto à tutela jurídica das uniões homoafetivas. As demonstrações públicas e privadas de preconceito em relação à orientação sexual, tão comuns em noticiários, revelam a dimensão do problema. A solução, de qualquer sorte, independe do legislador, porquanto decorre diretamente dos direitos fundamentais, em especial do direito à dignidade da pessoa humana, sob a diretriz do artigo 226 e parágrafos da Carta da República de 1988, no que permitiu a reformulação do conceito de família. O reconhecimento de efeitos jurídicos às uniões estáveis representa a superação dos costumes e convenções sociais que, por muito tempo, embalaram o Direito Civil, notadamente o direito de família. A união de pessoas com o fim de procriação, auxílio mútuo e compartilhamento de destino é um fato da natureza, encontra-se mesmo em outras espécies. A família, por outro lado, é uma construção cultural. Como esclarece Maria Berenice Dias (Manual de direito das famílias, 2010, p. 28), no passado, as famílias formavam-se para fins exclusivos de procriação, considerada a necessidade do maior número possível de pes-

soas ADI 4.277 Distrito Federal 8 para trabalhar em campos rurais. Quanto mais membros, maior a força de trabalho, mais riqueza seria possível extrair da terra. Os componentes da família organizavam-se hierarquicamente em torno da figura do pai, que ostentava a chefia da entidade familiar, cabendo aos filhos e à mulher posição de subserviência e obediência. Esse modelo patriarcal, fundado na hierarquia e no patrimônio oriundo de tempos imemoriais, sofreu profundas mudanças ao tempo da revolução industrial, quando as indústrias recém-nascidas passaram a absorver a mão de obra nos centros urbanos. O capitalismo exigiu a entrada da mulher no mercado de trabalho, modificando para sempre o papel do sexo feminino nos setores públicos e privados. A aglomeração de pessoas em espaços cada vez mais escassos nas cidades agravou os custos de manutenção da prole, tanto assim que hoje se pode falar em família nuclear, em contraposição à família extensa que existia no passado. As modificações pelas quais a família passou não impediram a permanência de resquícios do modelo antigo, os quais perduraram – e alguns ainda perduram – até os dias recentes. Faço referência a países em que ainda há a proeminência do homem sobre a mulher, como ocorre no Oriente Médio, e os casamentos arranjados por genitores – feito por interesses deles e não dos nubentes –, que continuam a ter vez em determinadas áreas da Índia. Especificamente no Brasil, o Código Civil de 1916 atribuía efeitos jurídicos somente à família tradicional, consumada pelo matrimônio entre homem e mulher, em vínculo indissolúvel. Família era apenas uma: aquela resultante do matrimônio. Os relacionamentos situados fora dessa esfera estavam fadados à invisibilidade jurídica, quando não condenados à pecha da ilicitude, rotulados com expressões pouco elogiosas – lembrem-se dos filhos adulterinos, amásias e concubinas. ADI 4.277 Distrito Federal 9 A situação foi mudando gradualmente. Primeiro, com a edição da Lei nº 4.121/62 – Estatuto da Mulher Casada, que atribuiu capacidade de fato à mulher, admitindo-lhe ainda a administração dos bens reservados. Em seguida, o divórcio, implementado pela Emenda Constitucional nº 9/77 e pela Lei nº 6.515/77, modificou definitivamente o conceito de família, ficando reconhecidas a dissolução do vínculo e a formação de no-

vas famílias. O processo evolutivo encontrou ápice na promulgação da Carta de 1988. O Diploma é o marco divisor: antes dele, família era só a matrimonial, com ele, veio a democratização – o reconhecimento jurídico de outras formas familiares. Segundo Gustavo Tepedino: "A Constituição da República traduziu a nova tábua de valores da sociedade, estabeleceu os princípios fundamentais do ordenamento jurídico e, no que concerne às relações familiares, alterou radicalmente os paradigmas hermenêuticos para a compreensão dos modelos de convivência e para a solução dos conflitos intersubjetivos na esfera da família" ("A legitimidade constitucional das famílias formadas por uniões de pessoa do mesmo sexo", Boletim Científico da Escola Superior do Ministério Público da União, números 22 e 23, p. 91). Maria Berenice Dias afirma que "agora não se exige mais a tríplice identidade: família–sexo–procriação" (União homoafetiva, 2009, p. 178). É inegável: ela tem razão. O § 5º do artigo 226 da Constituição Federal equiparou homens e mulheres nos direitos e deveres conjugais, determinando a mais absoluta igualdade também no interior da família. O § 4º do mencionado dispositivo admitiu os efeitos jurídicos das denominadas famílias monoparentais, formadas por apenas um dos genitores e os filhos. Por fim, o § 3º desse artigo expressamente impôs ao Estado a obrigatoriedade de reconhecer os efeitos jurídicos às uniões estáveis, ADI 4.277 Distrito Federal 10 dando fim à ideia de que somente no casamento é possível a instituição de família. Revela-se, então, a modificação paradigmática no direito de família. Este passa a ser o direito "das famílias", isto é, das famílias plurais, e não somente da família matrimonial, resultante do casamento. Em detrimento do patrimônio, elegeram-se o amor, o carinho e a afetividade entre os membros como elementos centrais de caracterização da entidade familiar. Alterou-se a visão tradicional sobre a família, que deixa de servir a fins meramente patrimoniais e passa a existir para que os respectivos membros possam ter uma vida plena comum. Abandonou-se o conceito de família enquanto "instituição-fim em si mesmo", para identificar nela a qualidade de instrumento a serviço da dignidade de cada partícipe, como defende Guilherme Calmon Nogueira da Gama (Direito de família e o novo Código Civil, p. 93, citado por Maria Berenice Dias, Manual de direito das famílias, 2010, p. 43). Consoante Pietro Pierlingieri, a "família não fundada no casamento é, portanto, ela mesma uma formação social potencialmente idônea ao desenvolvimento da personalidade dos seus componentes e, como tal, orientada pelo ordenamento a buscar a concretização desta função" (O direito civil na legalidade constitucional, 2008, p. 989). Se o reconhecimento da entidade familiar depende apenas da opção livre e responsável de constituição de vida comum para promover a dignidade dos partícipes, regida pelo afeto existente entre eles, então não parece haver dúvida de que a Constituição Federal de 1988 permite seja a união homoafetiva admitida como tal. Essa é a leitura normativa que faço da Carta e dos valores por ela consagrados, em especial das cláusulas contidas nos artigos 1º, inciso III, 3º, incisos II e IV, e 5º, cabeça e inciso I. ADI 4.277 Distrito Federal 11 Percebam que a transformação operada pela atual Constituição não se resumiu ao direito de família. A partir de 1988, ocorreu a ressignificação do ordenamento jurídico. Como é cediço, compete aos intérpretes efetuar a filtragem constitucional dos institutos previstos na legislação infraconstitucional. Esse fenômeno denominado "constitucionalização do Direito", na expressão de uso mais corriqueiro, revela que não podemos nos ater ao dogmatismo ultrapassado, que então prevalecia no Direito Civil. Esse ramo do Direito voltou-se à tutela das situações jurídico-existenciais e, apenas em caráter secundário, às situações jurídico-patrimoniais. O Direito Civil é possivelmente o ramo da ciência jurídica mais afetado pela inserção do princípio da dignidade da pessoa humana como fundamento da República, porquanto estampa diretamente os costumes e os valores da sociedade, razão pela qual tantas vezes o Código Civil é rotulado como "a Constituição do homem comum". O Direito Civil, sabemos, restringia-se ao "ter". O titular da propriedade era o grande destinatário das normas do Direito Civil, e a propriedade era o direito por excelência. O direito de família oriundo do Código Bevilácqua concernia a questões patrimoniais. O Direito Civil, na expressão empregada por Luiz Edson Fachin, sofreu uma "virada de Copérnico", foi constitucionalizado e, por consequência, desvinculado do patrimônio e socializado. A propriedade e o proprie-

tário perderam o papel de centralidade nesse ramo da ciência jurídica, dando lugar principal à pessoa. É o direito do "ser", da personalidade, da existência. Relegar as uniões homoafetivas à disciplina da sociedade de fato é não reconhecer essa modificação paradigmática no Direito Civil levada a cabo pela Constituição da República. A categoria da sociedade de fato reflete a realização ADI 4.277 Distrito Federal 12 de um empreendimento conjunto, mas de nota patrimonial, e não afetiva ou emocional. Sociedade de fato é sociedade irregular, regida pelo artigo 987 e seguintes do Código Civil, de vocação empresarial. Sobre o tema, Carvalho de Mendonça afirmava que as sociedades de fato são aquelas afetadas por vícios que as inquinam de nulidade, e são fulminadas por isso com o decreto de morte (Tratado de direito comercial brasileiro, 2001, p. 152 e 153). Para Rubens Requião, "convém esclarecer que essas entidades – sociedades de fato e sociedades irregulares – não perdem a sua condição de sociedades empresárias" (Curso de direito comercial, 2010, p. 444). Tanto assim que as dissoluções de sociedades de fato são geralmente submetidas à competência dos Juízos cíveis, e não dos Juízos de família. Nada mais descompassado com a essência da união homoafetiva, a revelar o propósito de compartilhamento de vida, e não de obtenção de lucro ou de qualquer outra atividade negocial. A homoafetividade é um fenômeno que se encontra fortemente visível na sociedade. Como salientado pelo requerente, inexiste consenso quanto à causa da atração pelo mesmo sexo, se genética ou se social, mas não se trata de mera escolha. A afetividade direcionada a outrem de gênero igual compõe a individualidade da pessoa, de modo que se torna impossível, sem destruir o ser, exigir o contrário. Insisto: se duas pessoas de igual sexo se unem para a vida afetiva comum, o ato não pode ser lançado a categoria jurídica imprópria. A tutela da situação patrimonial é insuficiente. Impõe-se a proteção jurídica integral, qual seja, o reconhecimento do regime familiar. Caso contrário, conforme alerta Daniel Sarmento3, estar-se-á a transmitir a mensagem de que o afeto entre elas é reprovável e não merece o respeito da sociedade, tampouco a ADI 4.277 Distrito Federal 13 tutela do Estado, o que viola a dignidade dessas pessoas, que apenas buscam o amor, a felicidade, a realização. Se as decisões judiciais que permitiram o reconhecimento das sociedades de fato entre pessoas do mesmo sexo representaram inegável avanço quando foram proferidas, atualmente elas apenas reproduzem o preconceito e trazem à baila o desprezo à dignidade da pessoa humana. Igualmente, os primeiros pronunciamentos que reconheceram aos heterossexuais não casados direitos sucessórios com fundamento na sociedade de fato foram celebrados como inovações jurídicas. Nos dias de hoje, esses atos judiciais estariam em franca incompatibilidade com a Constituição e mesmo com a moralidade comum. O princípio da dignidade da pessoa humana ostenta a qualidade de fundamento maior da República. É também mencionado no artigo 226, § 7º, onde figura como princípio inerente ao planejamento familiar, e nos artigos 227 e 230, quando da referência ao dever da família, da comunidade e do Estado de assegurarem, respectivamente, a dignidade da criança e do idoso. As opiniões doutrinárias asseveram tratar-se do "valor dos valores", do "ponto de Arquimedes no Estado constitucional" (Ingo Wolfgang Sarlet, Dignidade da pessoa humana e direitos fundamentais, 2002, p. 81), de modo que a importância enquanto fonte autônoma de obrigações e direitos não pode ser negligenciada. A unidade de sentido do sistema de direitos fundamentais encontra-se no princípio da dignidade humana, porque aqueles existem exatamente em função da necessidade de garantir a dignidade do ser humano. A dificuldade de extrair o exato significado da expressão "dignidade humana" conduz à conclusão de que os órgãos investidos de legitimidade democrático-eleitoral devem ter papel destacado nesse mister, mas não impede o reconhecimento de uma "zona de certeza positiva" no tocante aos elementos essenciais do conceito. ADI 4.277 Distrito Federal 14 A proibição de instrumentalização do ser humano compõe o núcleo do princípio, como bem enfatizado pelo requerente. Ninguém pode ser funcionalizado, instrumentalizado, com o objetivo de viabilizar o projeto de sociedade alheio, ainda mais quando fundado em visão coletiva preconceituosa ou em leitura de textos religiosos. A funcionalização é uma característica típica das sociedades totalitárias, nas quais o indivíduo serve à coletividade e ao Estado, e não o contrário. As concepções organicistas das relações entre indiví-

duo e sociedade, embora ainda possam ser encontradas aqui e acolá, são francamente incompatíveis com a consagração da dignidade da pessoa humana. Incumbe a cada indivíduo formular as escolhas de vida que levarão ao desenvolvimento pleno da personalidade. A Corte Interamericana de Direitos Humanos há muito reconhece a proteção jurídica conferida ao projeto de vida (v. Loayza Tamayo versus Peru, Cantoral Benavides versus Peru), que indubitavelmente faz parte do conteúdo existencial da dignidade da pessoa humana. Sobre esse ponto, consignou Antônio Augusto Cançado Trindade no caso Gutiérrez Soler versus Colômbia, julgado em 12 de setembro de 2005: Todos vivemos no tempo, que termina por nos consumir. Precisamente por vivermos no tempo, cada um busca divisar seu projeto de vida. O vocábulo "projeto" encerra em si toda uma dimensão temporal. O projeto de vida tem, assim, um valor essencialmente existencial, atendo-se à ideia de realização pessoal integral. É dizer, no marco da transitoriedade da vida, a cada um cabe proceder às opções que lhe pareçam acertadas, no exercício da plena liberdade pessoal, para alcançar a realização de seus ideais. A busca da realização do projeto de vida desvenda, pois, um alto valor existencial, capaz de dar sentido à vida de cada um. (tradução livre) O Estado existe para auxiliar os indivíduos na realização dos respectivos projetos pessoais de vida, que traduzem o livre e pleno desenvolvimento da personalidade. O Supremo já assentou, numerosas vezes, a cobertura que a ADI 4.277 Distrito Federal 15 dignidade oferece às prestações de cunho material, reconhecendo obrigações públicas em matéria de medicamento e creche, mas não pode olvidar a dimensão existencial do princípio da dignidade da pessoa humana, pois uma vida digna não se resume à integridade física e à suficiência financeira. A dignidade da vida requer a possibilidade de concretização de metas e projetos. Daí se falar em dano existencial quando o Estado manieta o cidadão nesse aspecto. Vale dizer: ao Estado é vedado obstar que os indivíduos busquem a própria felicidade, a não ser em caso de violação ao direito de outrem, o que não ocorre na espécie. Certamente, o projeto de vida daqueles que têm atração pelo mesmo sexo resultaria prejudicado com a impossibilidade absoluta de formar família. Exigir-lhes a mudança na orientação sexual para que estejam aptos a alcançar tal situação jurídica demonstra menosprezo à dignidade. Esbarra ainda no óbice constitucional ao preconceito em razão da orientação sexual. Consubstancia objetivo fundamental da República Federativa do Brasil promover o bem de todos, sem preconceitos de origem, raça, sexo, cor, idade e quaisquer outras formas de discriminação (inciso IV do artigo 3o da Carta Federal). Não é dado interpretar o arcabouço normativo de maneira a chegar-se a enfoque que contrarie esse princípio basilar, agasalhando-se preconceito constitucionalmente vedado. Mostra-se inviável, porque despreza a sistemática integrativa presentes princípios maiores, a interpretação isolada do artigo 226, § 3o, também do Diploma Maior, no que revela o reconhecimento da união estável entre o homem e a mulher como entidade familiar, até porque o dispositivo não proíbe esse reconhecimento entre pessoas de gênero igual. No mais, ressalto o caráter tipicamente contramajoritário dos direitos fundamentais. De nada serviria a positivação de direitos na Constituição, se eles fossem lidos em conformidade com a opinião pública dominante. Ao assentar a ADI 4.277 Distrito Federal 16 prevalência de direitos, mesmo contra a visão da maioria, o Supremo afirma o papel crucial de guardião da Carta da República, como o fez no julgamento do Recurso Extraordinário nº 633.703, relatado pelo Ministro Gilmar Mendes, quando declarou a inconstitucionalidade da aplicação da "Lei da Ficha Limpa" às eleições de 2010, por desarmonia com o disposto no artigo 16 da Carta Federal. Assim já havia procedido em outras oportunidades, tal como na Ação Direta de Inconstitucionalidade nº 1.351/DF, de minha relatoria, relativamente aos pequenos partidos políticos, no célebre caso "Cláusula de Barreira". Com base nesses fundamentos, concluo que é obrigação constitucional do Estado reconhecer a condição familiar e atribuir efeitos jurídicos às uniões homoafetivas. Entendimento contrário discrepa, a mais não poder, das garantias e direitos fundamentais, dá eco a preconceitos ancestrais, amesquinha a personalidade do ser humano e, por fim, desdenha o fenômeno social, como se a vida comum com intenção de formar família entre pessoas de sexo igual não existisse ou fosse irrelevante para a sociedade. Quanto à equiparação das uniões homoafetivas ao regime das uniões estáveis, previsto no artigo 1.723 do Código Civil de 2002, o óbice gramatical pode ser contornado com o recurso a instrumento presente nas ferramentas tradicionais de hermenêutica. Não é recente a evolução doutrinária relativa à teoria das normas jurídicas, nas quais se ampliou a compreensão da função e do papel dos princípios no ordenamento jurídico. Ana Paula de Barcellos (A eficácia dos princípios constitucionais, 2010) relembra que os princípios são dotados de múltiplas possibilidades de eficácia jurídica, destacando-se a utilização como vetor hermenêutico-interpretativo. Casos há em que os princípios possuem eficácia positiva, o que ocorre precisamente quando o núcleo essencial de sentido ADI 4.277 Distrito Federal 17 deles é violado. Por isso Celso Antônio Bandeira de Mello, em Elementos de direito administrativo, 1980, p. 104, ressalta: Violar um princípio é muito mais grave que transgredir uma norma. A desatenção ao princípio implica ofensa não apenas a um específico mandamento obrigatório, mas a todo o sistema de comandos. É a mais grave forma de ilegalidade ou inconstitucionalidade, conforme o escalão do princípio violado, porque representa insurgência contra todo o sistema, subversão de seus valores fundamentais, contumélia irremissível a seu arcabouço lógico e corrosão de sua estrutura mestra. Extraio do núcleo do princípio da dignidade da pessoa humana a obrigação de reconhecimento das uniões homoafetivas. Inexiste vedação constitucional à aplicação do regime da união estável a essas uniões, não se podendo vislumbrar silêncio eloquente em virtude da redação do § 3º do artigo 226. Há, isso sim, a obrigação constitucional de não discriminação e de respeito à dignidade humana, às diferenças, à liberdade de orientação sexual, o que impõe o tratamento equânime entre homossexuais e heterossexuais. Nesse contexto, a literalidade do artigo 1.723 do Código Civil está muito aquém do que consagrado pela Carta de 1988. Não retrata fielmente o propósito constitucional de reconhecer direitos a grupos minoritários. Por isso, Senhor Presidente, julgo procedente o pedido formulado para conferir interpretação conforme à Constituição ao artigo 1.723 do Código Civil, veiculado pela Lei nº 10.406/2002, a fim de declarar a aplicabilidade do regime da união estável às uniões entre pessoas de sexo igual.

Em primeiro lugar, podemos considerar o voto em análise como texto eminentemente dissertativo argumentativo, haja vista que o autor quer convencer os demais Ministros do Supremo Tribunal Federal, às partes envolvidas e o público em geral do acerto de seu ponto de vista.

Portanto, retomando aquilo que foi visto no item anterior, podemos dividir o texto nas seguintes partes:

– **introdução** – no início do voto, o texto deixa claro o tema que se vai discutir: saber se a convivência pública, duradoura e com ânimo de forma família, por pessoas de sexo igual deve ser admitida como entidade familiar à luz da Lei Maior, considerada a omissão legislativa. Em caso positivo, cabe a aplicação do regime previsto no artigo 1.723 do Código Civil de 2002?

– **desenvolvimento** – observe que para argumentar favoravelmente ao reconhecimento da união homoafetiva, o texto parte do argumento contrário, que sustenta que não há omissão descuidada do legislador a respeito do tema e também que, para o reconhecimento de referidas uniões amorosas pelo ordenamento jurídico haveria necessidade de alteração dos textos legais por parte do legislador.

> *"A corrente contrária a tal reconhecimento argumenta que o § 3º do artigo 226 da Carta da República remete tão–somente à união estável entre homem e mulher, o que se poderia entender como silêncio eloquente do constituinte no tocante à união entre pessoas de mesmo sexo. Além disso, o artigo 1.723 do Código Civil de 2002 apenas repetiria a redação do texto constitucional, sem fazer referência à união homoafetiva, a revelar a dupla omissão, o que afastaria do âmbito de incidência da norma a união de pessoas de sexo igual. Essa é a opinião que pode ser pinçada das decisões judiciais anexadas ao processo, compartilhada por Álvaro Villaça Azevedo ("União entre pessoas do mesmo sexo", Direito de família e sucessões, 2008, p. 17). Na mesma linha, a ADI 4.277 Distrito Federal 3 manifestação da Associação Eduardo Banks, admitida como amiga da Corte neste processo. Daí a dificuldade hermenêutica: seria possível incluir nesse regime uma situação que não foi originalmente prevista pelo legislador ao estabelecer a premissa para a consequência jurídica? Não haveria transbordamento dos limites da atividade jurisdicional?".*

A fim de refutar tal posicionamento, o autor parafraseia matéria jornalística em que se relata o preconceito e a violência sofridos por homossexuais, ainda que estes representem parcela da sociedade que colabora com as Instituições Públicas, com mercado de trabalho, etc., sustentando, ao final, que conferir direitos a homossexuais implicaria fortalecer o Estado de Direito.

A seguir, no trecho do texto iniciado em "Há não mais de 60 anos (...)", o autor vai se valer de argumento analógico para comparar a situação em análise com aquela havida na Inglaterra, destacando o embate jurídico entre Hart e Devlin, que girava tensivamente em torno da prevalência dos preceitos de moralidade objetiva da sociedade inglesa daquela época (que condenava a sodomia) e os direitos individuais da pessoa, concernente em poder definir suas preferências sexuais.

O autor do texto, com muita habilidade, vale-se deste episódio, como se disse, analogicamente, para tratar de algo ainda mais abstrato que está a informar o reconhecimento das uniões homoafetivas: a relação próxima entre direito e moral quando o assunto é direito de família, o que se inicia no seguinte trecho:

> "Já se concluiu que o Direito sem a moral pode legitimar atrocidades impronunciáveis, como comprovam as Leis de Nuremberg, capitaneadas pelo Partido Nazista, que resultaram na exclusão dos judeus da vida alemã".

Em seguida, o texto passa a analisar teorias do direito que informam os métodos de interpretação da norma, iniciando com a Teoria Pura do Direito de Hans Kelsen, reiterando nossas lições de relações intertextuais e interdiscursivas existente entre textos de espaços discursivos comuns, instaurando-se uma polêmica entre o discurso jurídico, ético e religioso.

Após esta análise, o autor, que conclui que "*Moral e Direito devem ter critérios distintos, mas caminhar juntos (...)*", mantendo a coesão e coerência textuais, retoma o tema /direito de família/ asseverando a relação entre direito e moral neste campo.

No trecho a seguir, o texto vai traçar as primeiras linhas em defesa da possibilidade do reconhecimento das uniões homoafetivas pelo Poder Judiciário, afastando a atribuição ao Poder Legislativo para tanto:

> *"A ausência de aprovação dos diversos projetos de lei que encampam a tese sustentada pelo requerente, descontada a morosidade na tramitação, indica a falta de vontade coletiva quanto à tutela jurídica das uniões homoafetivas. As demonstrações públicas e privadas de preconceito em relação à orientação sexual, tão comuns em noticiários, revelam a dimensão do problema. A solução, de qualquer sorte, independe do legislador, porquanto decorre diretamente dos direitos fundamentais, em especial do <u>direito à dignidade da pessoa humana</u>, sob a diretriz do artigo 226 e parágrafos da Carta da República de 1988, no que permitiu a reformulação do conceito de família".*

Veja que neste trecho, notadamente no termo grifado, o texto deixa claro que irá se valer de *princípios* em detrimento daquilo que é expressamente previsto na norma jurídica, nas linhas das lições de Alexy e Dworkin.

No trecho subsequente, o Ministro se embrenha na análise histórica do casamento, partindo do modelo arcaico e paternalista, desembocando na pós-modernidade, para afastar o traço /natureza/, /necessidade de procriação/ deste tipo de relação amorosa, para considerar a família, atualmente, como um /fato social/.

Nessa mesma linha de raciocínio, traçando análise sociológica e histórico-evolutiva, o autor descrever os avanços legislativos na área do Direito de Família. Veja:

> *"Primeiro, com a edição da Lei nº 4.121/62 – Estatuto da Mulher Casada, que atribuiu capacidade de fato à mulher, admitindo-lhe ainda a administração dos bens reservados. Em seguida, o divórcio, implementado pela Emenda Constitucional nº 9/77 e pela Lei nº 6.515/77, modificou definitivamente o conceito de família, ficando reconhecidas a dissolução do vínculo e a formação de novas famílias. O processo evolutivo encontrou ápice na promulgação da Carta de 1988. O Diploma é o marco divisor: antes dele, família era só a matrimonial, com ele, veio a democratização – o reconhecimento jurídico de outras formas familiares".*

Ao final deste trecho do texto, o autor vai concluir que:

> *"Se o reconhecimento da entidade familiar depende apenas da opção livre e responsável de constituição de vida comum para promover a dignidade dos partícipes, regida pelo afeto existente entre eles, então não parece haver dúvida de que a Constituição Federal de 1988 permite seja a união homoafetiva admitida como tal".*

Notem que, após estabelecer fundamentos que corroboram para o reconhecimento (ou não) da união estável pelo Poder Judiciário; do mesmo modo, após argumentar que a noção de /família/ passou a ganhar amplitude semântica muito maior do que aquela que lhe é atribuída tradicionalmente, a partir do seguinte trecho, o autor vai colocar em realce os critérios interpretativos que embasam seu voto:

> *"Essa é a leitura normativa que faço da Carta e dos valores por ela consagrados, em especial das cláusulas contidas nos artigos 1º, inciso III, 3º, incisos II e IV, e 5º, cabeça e inciso I. Percebam que a transformação operada pela atual Constituição não se resumiu ao direito de família. <u>A partir de 1988, ocorreu a ressignificação do ordenamento jurídico</u>".*

No trecho acima sublinhado fica patente a necessidade da compreensão do direito também como fenômeno linguístico para sua devida interpretação. Afinal, *ressignificação* é termo relacionado à *semântica*, ao estudo do *significado* dos termos, que é sempre da ordem do social.

Por sinal, falando agora de hermenêutica, a esta altura já devem ter ficado claras as opções interpretativas do autor do texto:

– interpretar os fatos juridicamente relevantes com base em princípios, em detrimento de análise exegética e meramente literal da norma jurídica, isto porque, a solução exegética, mais simples, apontaria para a leitura do texto de lei por meio de seus elementos meramente gramaticais. E, o artigo 1723 do Código Civil deixa clara a distinção de gêneros para reconhecimento de união estável (significado de /homem/, que se opõe ao de /mulher/, relacionado-se aos gêneros masculino e feminino);

– método histórico e sociológico – na esteira do que vínhamos estudando na Primeira Parte deste livro, Saussure definia os signos linguísticos como *produto social da faculdade de linguagem*, sendo assim, as evoluções sociais e a compreensão da sociedade a respeito de determinado fenômeno estão aptos a alterar a *semântica* de certos termos e até mesmo a excluir do discurso social e jurídico certos termos (como é o caso do *desquite*, que deixa de ter significação efetiva após ter sido substituído pela *separação* e *divórcio*).

Prosseguindo agora nossa interpretação com foco nas hermenêutica jurídica, podemos destacar outras formas de abordagem da norma jurídica e também do fenômeno jurídico, tais como:

– interpretação lógico-sistemática – este método de interpretação fica explicitado no momento em que o autor ressalta a ocorrência do que denomina *constitucionalização do direito*. Ao afirmar que:

> *"Como é cediço, compete aos intérpretes efetuar a filtragem constitucional dos institutos previstos na legislação infraconstitucional. Esse fenômeno denominado 'constitucionalização do Direito', na expressão de uso mais corriqueiro, revela que não podemos nos ater ao dogmatismo ultrapassado, que então prevalecia no Direito Civil. Esse ramo do Direito voltou-se à tutela das situações jurídico-existenciais e, apenas em caráter secundário, às situações jurídico-patrimoniais. O Direito Civil é possivelmente o ramo da ciência jurídica mais afetado pela inserção do princípio da dignidade da pessoa humana como fundamento da República, porquanto estampa diretamente os costumes e os valores da sociedade, razão pela qual tantas vezes o Código Civil é rotulado como "a Constituição do homem comum".*

A interpretação lógico-sistemática (que é acompanhada de argumentação de mesma natureza), descarta a aplicação do instituto da sociedade de fato para regular eventual dissolução de uniões de pessoas do mesmo sexo, haja vista que tal instituto é destinado a resolver as rupturas de cunho material, o que não se aplicaria a relações homoafetivas, uma vez que o /afeto/ seria o traço marcante destas relações (por sinal, não foi por outro motivo que o neologismo politicamente correto *homoafetiva* foi criado).

Acompanhe o raciocínio do autor a esse respeito no seguinte trecho:

> "A tutela da situação patrimonial é insuficiente. Impõe-se a proteção jurídica integral, qual seja, o reconhecimento do regime familiar. Caso contrário, conforme alerta Daniel Sarmento3, estar-se-á a transmitir a mensagem de que o afeto entre elas é reprovável e não merece o respeito da sociedade, tampouco a ADI 4.277 Distrito Federal 13 tutela do Estado, o que viola a dignidade dessas pessoas, que apenas buscam o amor, a felicidade, a realização. Se as decisões judiciais que permitiram o reconhecimento das sociedades de fato entre pessoas do mesmo sexo representaram inegável avanço quando foram proferidas, atualmente elas apenas reproduzem o preconceito e trazem à baila o desprezo à dignidade da pessoa humana. Igualmente, os primeiros pronunciamentos que reconheceram aos heterossexuais não casados direitos sucessórios com fundamento na sociedade de fato foram celebrados como inovações jurídicas".

No encerrado da exposição de seus argumentos, o autor mais uma vez ressaltar o princípio da dignidade da pessoa humana como basilar na interpretação do ordenamento jurídico e, após correlacioná-lo a uma análise sistemática de artigos de lei da Constituição Federal, relevando o caráter *existencial* da significação do termo /dignidade/, o texto assevera que:

> "A dignidade da vida requer a possibilidade de concretização de metas e projetos. Daí se falar em dano existencial quando o Estado manieta o cidadão nesse aspecto. Vale dizer: ao Estado é vedado obstar que os indivíduos busquem a própria felicidade, a não ser em caso de violação ao direito de outrem, o que não ocorre na espécie. Certamente, o projeto de vida daqueles que têm atração pelo mesmo sexo resultaria prejudicado com a impossibilidade absoluta de formar família. Exigir-lhes a mudança na orientação sexual para que estejam aptos a alcançar tal situação jurídica demonstra menosprezo à dignidade".

Finalmente, após extenso trecho textual em que o autor desenvolve todos seus argumentos – conforme explicamos trecho a trecho – o autor desemboca na CONCLUSÃO de seu texto a partir de:

> *"Com base nesses fundamentos, concluo que é obrigação constitucional do Estado reconhecer a condição familiar e atribuir efeitos jurídicos às uniões homoafetivas".*

Observe que as opções hermenêuticas do autor ficam bem ressaltadas no seguinte trecho, por meio do qual concluir que os princípios tratam-se de vetores hermenêutico-interpretativos:

> *"Quanto à equiparação das uniões homoafetivas ao regime das uniões estáveis, previsto no artigo 1.723 do Código Civil de 2002, <u>o óbice gramatical pode ser contornado com o recurso a instrumento presente nas ferramentas tradicionais de hermenêutica</u>. Não é recente a evolução doutrinária relativa à teoria das normas jurídicas, nas quais se ampliou a <u>compreensão da função e do papel dos princípios no ordenamento jurídico</u>".*

E, é com base no que vimos analisando que o Ministro conclui sua dissertação argumentativa da seguinte maneira:

> *"Extraio do núcleo do princípio da dignidade da pessoa humana a obrigação de reconhecimento das uniões homoafetivas. Inexiste vedação constitucional à aplicação do regime da união estável a essas uniões, não se podendo vislumbrar silêncio eloquente em virtude da redação do § 3º do artigo 226. Há, isso sim, a obrigação constitucional de não discriminação e de respeito à dignidade humana, às diferenças, à liberdade de orientação sexual, o que impõe o tratamento equânime entre homossexuais e heterossexuais. Nesse contexto, a literalidade do artigo 1.723 do Código Civil está muito aquém do que consagrado pela Carta de 1988. Não retrata fielmente o propósito constitucional de reconhecer direitos a grupos minoritários. Por isso, Senhor Presidente, julgo procedente o pedido formulado para conferir interpretação conforme à Constituição ao artigo 1.723 do Código Civil, veiculado pela Lei nº 10.406/2002, a fim de declarar a aplicabilidade do regime da união estável às uniões entre pessoas de sexo igual".*

7.3.2.4. Redação das questões práticas

É comum, tanto os livros de Redação Forense, quanto o candidato que participa do Exame de Ordem, prestarem atenção, quase que exclusivamente, na peça prático-profissional e deixarem de lado maiores cuidados com a resposta das questões práticas, o que buscamos evitar nesta obra, haja vista o que já fizemos no capítulo dedicado à interpretação de texto e o esquema geral que deve montar o candidato para preparar sua resposta a tais questões.

Agora, considerando o aspecto redacional, o candidato deve ter consciência que seu texto deve ser desenvolvido sob o padrão *dissertativo argumentativo*, sem perder de vista, no entanto, que o convencimento do examinador implica também *expor conhecimento sobre a matéria abordada no enunciado*.

Isto significa, portanto, que o candidato deve estar atento à solidez de sua preparação teórica a fim de desencadear a produção de enunciado técnico, que dê conta de instruir sua resposta demonstrando bom conhecimento sobre o tema.

Assim, caso a pergunta formulada implique o conhecimento de mais de um posicionamento acerca da matéria, por exemplo, convém que o candidato demonstre conhecer todas as teses e apontar quais os desdobramentos de utilização de cada uma delas.

Além disso, do mesmo modo que ensinamos que as peças jurídicas obedecem a determinado padrão de produção textual, há também um padrão a ser seguido na resposta às perguntas práticas:

– em primeiro lugar: observe a quantidade de linhas destinadas para a resposta a cada uma das questões! Ora, se o examinador dedicou à resposta da questão prática cerca de 30 linhas, certamente espera que o candidato valha-se de boa parte delas para redigir sua resposta.

– em segundo lugar: cuidado com a equalização do tempo! É muito comum o candidato dedicar quase todo o tempo de prova para a elaboração da peça prático-profissional e reservar apenas a última hora (a chamada hora do desespero) para redigir a resposta para as 4 perguntas práticas (que, geralmente, são desmembradas em 2 a 4 subitens). O ideal é que ao menos duas horas fossem reservadas para esta tarefa.

– em terceiro lugar: uma vez seguidos os passos de interpretação de texto que fornecemos na Parte II deste livro, o candidato deve se valer do padrão dissertativo para a resposta de tais questões, o que significa redigir texto contendo introdução, desenvolvimento e conclusão.

Vamos elaborar uma resposta para uma questão selecionada aleatoriamente a fim de fornecermos ao candidato um passo a passo para tais respostas (que pode ser utilizado pelos alunos de Faculdade para responderem as questões de provas dissertativas com maior qualidade):

ENUNCIADO:

> *"Márcio Moraes Veloso, famoso perfumista, foi contratado para desenvolver uma nova fragrância de um perfume pela empresa Cheiro Bom. O perfumista criou a fórmula inspirado em sua namorada, Joana, e deu o seu nome ao perfume. Foi pactuado entre Márcio e a Empresa Cheiro Bom que o perfumista jamais revelaria a fórmula da nova fragrância a terceiros. Contudo, objetivando fazer uma surpresa no dia do aniversário de Joana, Márcio presenteia a namorada com uma amostra do perfume e, por descuido, inclui na caixa anotações sobre a fórmula. Joana, acreditando que as anotações faziam parte da surpresa, mostra para todos os colegas de empresa Perfumelândia, onde trabalha. Dias depois, Márcio é surpreendido com a notícia de que a fórmula da nova fragrância havia sido descoberta pela concorrente.*
>
> *Considerando o caso relatado, responda aos itens a seguir, empregando os argumentos jurídicos apropriados e a fundamentação legal pertinente ao caso.*

    a) Ao revelar a fórmula do perfume, pode-se afirmar que Márcio está em mora?

    b) Neste caso, pode o credor demandar judicialmente o cumprimento da obrigação cumulada com pedido de perdas e danos?

❗ Roteiro de resposta:

Comecemos pelo roteiro do capítulo anterior?

– separe a narrativa em etapas:

1) Márcio Veloso foi contratado para produzir nova fragrância pela empresa Cheiro Bom;

2) Márcio criou perfume inspirado e com nome de sua namorada, Joana;

3) A empresa que contratou Márcio pactuou sigilo sobre a fórmula;

4) Márcio presenteia Joana com o perfume e deixa a fórmula na embalagem;

5) Joana deixa a fórmula vazar, sendo que trabalha na concorrente, Perfumelândia;

6) A concorrente da contratante de Márcio descobre a fórmula do produto.

– extraia os temas do enunciado:

Ora, para o leitor instruído, lê-se que:

1) Márcio celebrou com a contratante obrigação de fazer e de não-fazer;

2) Márcio, por culpa, revela a fórmula secreta (descumpre o não-fazer)

3) A fórmula secreta torna-se de conhecimento da concorrente.

– correlacione os temas do enunciado com artigos de lei/súmulas:

Estamos diante do tema direito da obrigações e as indagações do enunciador são as seguintes:

a) Ao revelar a fórmula do perfume, pode-se afirmar que Márcio está em mora?

b) Neste caso, pode o credor demandar judicialmente o cumprimento da obrigação cumulada com pedido de perdas e danos?

Agora, cabe ao candidato buscar os artigos de lei correspondentes:

Código Civil – direito das obrigações

Art. 390. Nas obrigações negativas o devedor é havido por inadimplente desde o dia em que executou o ato de que se devia abster.

Art. 251. Praticado pelo devedor o ato, a cuja abstenção se obrigara, o credor pode exigir dele que o desfaça, sob pena de se desfazer à sua custa, ressarcindo o culpado perdas e danos.

Código de Processo Civil

Art. 461. Na ação que tenha por objeto o cumprimento de obrigação de fazer ou não fazer, o juiz concederá a tutela específica da obrigação ou, se procedente o pedido, determinará providências que assegurem o resultado prático equivalente ao do adimplemento. (Redação dada pela Lei nº 8.952, de 13.12.1994)

§ 1º A obrigação somente se converterá em perdas e danos se o autor o requerer ou se impossível a tutela específica ou a obtenção do resultado prático correspondente.

Pois bem. Com algum conhecimento jurídico, você achou os artigos de lei. Afinal, trava-se de caso em que actante descumpriu obrigação de não-fazer. Agora, cabe refletir: qual a subsunção do fato à norma: Ora, o inadimplemento ocorreu desde quando ele deixou revelar o segredo, do que deveria se omitir; o actante está obrigado a ressarcimento por perdas e danos, uma vez que não é possível desfazer o ato.

– conclua sobre a aplicação da lei ao caso concreto de acordo com o que é perguntado:

Portanto, temos que: o actante descumpriu a obrigação por ato a ele imputável, que ocorreu desde seu descumprimento e que a ele resta apenas a reparação do dano.

Proposta de redação:

Trata-se de texto dissertativo, desenvolvido por meio de introdução, desenvolvimento, conclusão:

a) Márcio Moraes Veloso, ao revelar a fórmula do perfume, presenteando sua namorada com o mesmo, revelando em sua embalagem a fórmula da fragrância, descumpriu, culposamente, obrigação de não-fazer assumida diante a empresa Cheiro Bom, , razão pela qual deve ser considerado inadimplente, sendo desnecessária sua constituição em mora, nos termos do art. 390 do Código Civil, que considera o devedor inadimplente desde a prática do ato de que deveria se abster..

b) No caso em tela, por se tratar de obrigação de não fazer instantânea, nos termos do art. 251 do Código Civil, resta ao credor o pedido judicial de perdas e danos, nos termos do art. 461, §1º do Código de Processo Civil, devendo a obrigação,necessariamente, ser convertida em perdas e danos.

7.3.2.5. Gêneros Textuais: Propriedades

Quando produzimos determinado texto, temos de ter a consciência de que tais produções textuais são parte integrante de determinado universo discursivo, razão pela qual não cabe ao enunciador cuidadoso violar as expectativas de seus leitores, sob pena de seu texto ser considerado inadequado.

Convenhamos, é exatamente o que não queremos quando vamos prestar Exame de Ordem. Por isso, devemos compreender que os gêneros textuais são tipos de enunciados relativamente estáveis, que obedecem às seguintes características, conforme nos ensina José Luiz Fiorin, ancorado nas lições de Bakhtin:

- conteúdo temático uniforme – domínio de sentido de que se ocupa o gênero;
- construção composicional – modo de organizar o texto;
- ato estilístico – seleção de meios linguísticos

Vejamos como tomamos o devido domínio sobre tais elementos quando desenvolvemos nossas peças jurídicas em Exame de Ordem.

7.3.2.5.1. Exame da Ordem: gêneros jurídicos

Introdução

Quem vem acompanhando esta obra passo a passo até aqui, certamente já notou que o candidato a advogado deve observar restrições textuais de toda ordem, o que é natural, afinal de contas, não de trata de um concurso de poesia, ou de melhor dissertação com tema livre. Você quer ser advogado, no final de tudo, e isto é algo muito sério.

Já tivemos a oportunidade de ressaltar em diversos momentos deste livro que, sob a abordagem textual, pouco importa a área em que você vai prestar a segunda fase do exame de ordem, umas vez que as teorias da linguagem são abstratas o bastante para estarem presentes e atuantes em qualquer superfície textual.

Claro que não se trata de mera receita abstrata de interpretação e produção textual, como os velhos modelos que se apresentam em obras das mais diversas espécies. Por sinal, a vantagem destes modelos é que são produzidos por professores realmente dedicados e capacidades, com os quais, diga-se, não concorremos em absoluto, haja vista que nossas capacidades técnicas são de natureza diversa.

Em outras palavras, você acredita que um professor de processo civil, por exemplo, possa te ensinar uma peça jurídica de direito do trabalho, por exemplo? Parece que a resposta, neste caso, deve ser negativa. Afinal, como poderia, se absolutamente ignora aqueles temas?

No entanto, conforme vocês já perceberam neste livro, quem trabalha com linguagem pode falar sobre todas elas, sem entrar nas peculiaridades de cada área do saber.

É com esta convicção que podemos a esta altura afirmar que TODAS as peças jurídicas partem de um gênero que é determinado por um tipo fundamental de peça jurídica, a que chamamos de PETIÇÃO INICIAL.

A partir do padrão geral de uma peça inicial, desenvolver-se-ão todos os outros tipos de peças jurídicas, com algumas variações. É assim que, a seguir, para não polemizar nem confrontar com as obras específicas de Redação Forense temáticas, apresentamos o aspecto gerais das principais peças jurídicas, sob o ponto de vista meramente do gênero do discurso, elencado na delineação da petição inicial o que é comum a todas as demais peças jurídicas e, a seguir, tratando aquelas como sub-gênero desta, sob os critérios já levantados do conteúdo temático, construção composicional e ato estilístico:

A.1.Peças de instância originária

A.1.1 Petição Inicial

É o texto jurídico que dá impulso inicial ao processo, delimitando seus elementos essenciais.

A petição inicial deve conter:

– Endereçamento;

– qualificação das partes;

– nome da medida judicial cabível;

– fatos

– fundamentos jurídicos

– pedido de procedência

– produção de provas

– Valor da causa*

– pedido de deferimento

– Local, Data

– Nome do advogado

Variações com mesma estrutura: notícia-crime*, queixa-crime*, relaxamento de prisão em flagrante*, liberdade provisória*, revogação de prisão preventiva*, *habeas corpus**, mandado de segurança, *habeas data*, mandado de injunção*, ação declaratória de inconstitucionalidade*, medidas cautelares, procedimentos especiais cíveis, intervenção de terceiros, reconvenção, ação de cumprimento de sentença, embargos à execução, reclamação trabalhista.

*não se aplica

Estratégia: Quando elaboramos uma petição inicial (e seus subgêneros), não podemos pedir de vista aquilo que pretendemos: constituir o direito de nosso cliente.

Além disso, lembre-se que os fatos devem ser muito bem narrados, uma vez que é sobre eles que desenvolveremos nossas teses jurídicas. Fiquem tranquilos, pois o Enunciado de Exame de Ordem deixa bem claro aquilo que pretende que ataquemos em nossa inicial.

A.1.2 Defesa

Como sabemos, podem ser meios indiretos de defesa: exceções, impugnação ao valor da causa; bem como a contestação (defesa preliminar/prévia). Devem conter:

- Endereçamento;
- denominação das partes;
- nome da medida judicial cabível;
- síntese da inicial;
- preliminares;
- fundamentos jurídicos;
- pedido de improcedência;
- produção de provas;
- pedido de deferimento;
- Local, Data
- Nome do advogado

Estratégia: Ao elaborarmos estas peças, principalmente a contestação, devemos ter em mente que nossa intenção principal é *deconstruir* a peça inicial, sendo prudente sempre partirmos das preliminares mais distantes até chegarmos ao mérito. Nestes casos, aconselha-se a elaboração de relatório, pois assim o candidato não perde tema algum explorado no enunciado.

Lembre-se que se houver algum pedido a ser feito, a via adequada é a reconvenção, salvo hipóteses de cabimento de pedido contraposto.

A.1.3 Réplica

– Endereçamento;

– denominação das partes;

– nome da medida judicial cabível;

– relatório;

– fundamentos jurídicos;

– pedido;

– produção de provas;

– pedido de deferimento;

– Local, Data

– Nome do advogado

Estratégia: No caso da réplica, em regra, deve o candidato ater-se a rebater às exceções e preliminares suscitadas e impugnação de documentos juntados com a defesa. A princípio, basta reiterar os argumentos da inicial genericamente e o pedido de provas. Lembre-se, a réplica é peça manejada pelo autor, sua tese já foi delineada na inicial, não há necessidade de repeti-la e tampouco deveria alterá-la.

A.1.4 Memoriais (alegações finais)

– Endereçamento;

– denominação das partes;

– nome da medida judicial cabível;

– relatório da instrução processual;

– fundamentos jurídicos;

– pedido;

– pedido de deferimento;

– Local, Data

– Nome do advogado

Estratégia: Esta peça jurídica pode aparecer principalmente na área criminal e, talvez, em área cível e afins (empresarial). Basicamente aqui o candidato deve demonstrar que sabe relacionar as provas produzidas com os argumentos trazidos em suas peça inaugural (quer seja a inicial ou a defesa); o caráter silogísitico é muito importante neste caso.

A.1.5 Embargos de Declaração

– Endereçamento;

– denominação das partes;

– nome da medida judicial cabível;

– resumo da sentença guerreada;

– fundamentos jurídicos dos embargos;

– pedido;

– Local, Data

– Nome do advogado

Estratégia: veja que, a partir dos embargos, o candidato não deve mais pedir deferimento, mas que o recurso deve ser CONHECIDO e PROVIDO. Lembre-se que dizemos que OPOMOS Embargos de Declaração e o nome jurídico adequado é EMBARGANTE e EMBARGADO.

Vale lembrar que, por vezes, os Embargos são opostos com a finalidade de prequestionamento de matérias de índole extraordinária (preparara o caminho para recurso de revista, embargos ao TST, recurso especial e recurso extraordinário.

B.1 Peças Recursais

B.1.1. Razões de Apelação

– peça de interposição ao juízo ' a quo'

– menção breve aos pressupostos de admissibilidade recursal na peça de interposição é aconselhável;

– peça de razões recursais endereçada ao Tribunal competente, contendo o seguinte cabeçalho:

"Razões de Recurso XXXXXX

Recorrente:

Recorrido:

Processo de Origem:

Vara (Tribunal) de Origem:

Egrégio Tribunal,

Colenda Câmara (Turma, na área Trabalhista),

Nobres julgadores,"

– breve menção à decisão guerreada;

– razões do inconformismo;

– pedido (*"seja o recurso conhecido e provido..."*)

– local e data

– nome do advogado/OAB

Variações com a mesma estrutura: razões de recurso ordinário, recurso inominado, agravo de instrumento, agravo retido, recurso de revista, embargos ao TST, recurso ordinário constitucional, agravo regimental, recurso especial, recurso extraordinário.

Estratégia: Neste caso, lembre-se que o que se ataca é a decisão judicial efetivamente, e não diretamente a parte contrária. Assim, os esforços devem ser direcionados para a desconstrução da decisão judicial, afinal não podemos esquecer que a grande finalidade dos recursos é justamente a uniformização jurisprudencial.

B.1.2 Contrarrazões de Apelação

– peça de interposição ao juízo 'a quo'

– menção breve aos pressupostos de admissibilidade recursal na peça de interposição é aconselhável;

– peça de contrarrazões recursais endereçada ao Tribunal competente, contendo o seguinte cabeçalho:

"Contrarrazões de Recurso XXXXXX

Recorrente:

Recorrido:

Processo de Origem:

Vara (Tribunal) de Origem:

Egrégio Tribunal,

Colenda Câmara (Turma, na área Trabalhista),

Nobres julgadores,"

– breve menção às razões de recurso;

– razões de manutenção da decisão guerreada em razões recursais;

– pedido (*"seja o recurso não conhecido e/ou improvido..."*)

– local e data

– nome do advogado/OAB

Variações com a mesma estrutura: contrarrazões de recurso ordinário, recurso inominado, agravo de instrumento, agravo retido, recurso de revista, embargos ao TST, recurso ordinário constitucional, agravo regimental, recurso especial, recurso extraordinário.

Estratégia: Neste caso, lembre–se que o que se ataca são as razões recursais, sempre com o intuito de defender a decisão que foi favorável ao seu cliente, colhendo os elementos da própria decisão judicial.

ANEXO
REVISÃO DE ANÁLISE SINTÁTICA DA ORAÇÃO E DO PERÍODO COMPOSTO

23. Sintaxe

Trata da relação de termos que compõem um enunciado. Falamos em análise sintática do período simples e análise sintática do período composto.

1) Frase, oração, período

Geralmente os candidatos de concursos odeiam o tema análise sintática, isto porque nunca conseguiram compreender, efetivamente, as relações entre os termos das orações.

Vamos tentar tratar este tema de maneira prática e lógica, assumindo que, cotidianamente, fazemos uso desses elementos gramaticais para nos comunicarmos em sociedade.

A) FRASE

Palavra ou conjunto de palavras organizadas e que transmitem uma informação completa.

Assim, um frase pode ser uma palavra como "Obrigado", ou uma expressão como "Agora sim", "Começou a chover", podendo ter verbo ou não.

Por sinal, o verbo é uma das classes de palavras com a qual devemos tomar o maior cuidado, pois quando ele aparece, a frase se torna verbal. Quando não há verbo, chamamos a frase de nominal.

A1) Frase Nominal – Aquela que não tem verbo

A2) Frase Verbal – Aquela que tem verbo

É isso mesmo, quando há verbo numa frase, tudo muda e, a partir daí, temos uma **oração**, que pode ser **absoluta** ou mais de uma oração formando um **período composto**.

A2) **Oração** – frase ou parte de uma frase estruturada em torno de um verbo ou uma locução verbal.

> **Exemplo:** *A crise econômica* <u>ASSOLA</u> *a Europa.* **(assola é o verbo da oração)**

Os candidatos **tinham de aprender** os temas da prova. (**tinham de aprender** é locução verbal)

A3) **Oração absoluta** é frase que se estrutura em torno de um verbo ou de uma locução verbal.

> **Exemplo:** *O caso* **merecia** *atenção.*

A4) **Período composto** corresponde à frase que se estrutura sobre mais de uma oração, portanto, tem mais de um verbo.

> **Exemplo:** *A ambulância não* **chegou** *a tempo porque o tráfego* **estava** *intenso.*

2) Estrutura da Oração Absoluta

Sempre que temos uma oração, temos um verbo, e é a partir dele que organizamos os termos de uma oração.

Veja o exemplo abaixo:

> *O réu* **assumiu** *o crime.*

O verbo é responsável pela **organização** e **harmonização** da oração. Tente pensar apenas na estrutura abstrata da oração acima, em **termos da oração**, independentemente do significado das palavras.

O verbo é classe de palavras que se relaciona diretamente como outra classe de palavras, que é o substantivo. O substantivo pode ocupar o espaço reservado ao Sujeito e ao Objeto na oração.

No exemplo acima, O RÉU é o sujeito e O CRIME é o objeto direto. Além da *organização*, o verbo também cumpre a função de *harmonizar* a oração, de onde extraímos as noções de **concordância e regência verbal**, que veremos mais adiante.

2.1) Termos essenciais da oração – São o SUJEITO e o PREDICADO, sem os quais não há que se falar em oração.

a) SUJEITO – é o termo da oração a que se refere o verbo. Esqueçam esta história de que sujeito *é aquele de quem se diz alguma coisa*, pois nem sempre é assim. Muito menos que sujeito *é o que vem antes do verbo*. Vejam o exemplo abaixo:

> **Acabaram** *os velhos truques eleitorais.*

Como já dissemos, o verbo é o centro articulador das relações sintáticas, portanto é por ele que iniciamos a análise sintática. Veja que o verbo **ACABARAM** se refere a **os velhos truques eleitorais**. Podemos perceber que este último é o sujeito porque:

– O verbo concorda em número e pessoa com este termo (truques é substantivo plural, terceira pessoa e o verbo acabaram está na terceira pessoa do plural);

– quando perguntamos o que acabaram? A resposta é **(os velhos) truques (eleitorais).**

b) PREDICADO – é o termo da oração que se relaciona com o sujeito por meio de um verbo. Então, para ser predicado, necessariamente, tem de haver um verbo.

Os peregrinos **viajaram por dois meses pelo deserto**.

Neste caso **os peregrinos** é o sujeito da oração e, a partir do verbo **viajaram** temos o predicado.

2.1.1) Classificação do Sujeito

O sujeito classifica-se em:

a) Simples (determinado) – é aquele que possui apenas um Núcleo (= SUBSTANTIVO OU PALAVRA QUE FAÇA AS VEZES DE SUBSTANTIVO).

> *O **Brasil** é uma República Federativa.*

b) Composto (determinado) – é aquele que possui mais de um Núcleo.

> ***Sagarana** e **Dom Casmurro** são clássicos da literatura brasileira.*

c) Desinencial (elíptico ou oculto) – é aquele que fica pressuposto em função da pessoa indicada pela terminação verbal.

> **PreparaMOS** *as malas. (MOS indica que o verbo está na 1ª Pessoa do Plural, portanto, temos que o sujeito da oração é NÓS).*

d) Indeterminado – pode ocorrer em duas hipóteses:

– verbo na terceira pessoa do plural, que não se refere a sujeito determinado na oração:

> **Chegaram** *agora mesmo.*

– verbo na terceiro pessoa do plural + índice de indeterminação do sujeito (SE)

> **PRECISA–SE** *de estagiário.*

e) Paciente – é aquele que sofre a ação articulada pelo verbo. Sugerimos recordar o tópico VOZES DO VERBO para reter a noção de **voz ativa**, **voz passiva** e **voz reflexiva**.

> *A **terra** foi habitada por gente sem lei. (veja que o sujeito **terra** é que sofre a ação de ser habitada).*

> *Conserta-se **carro**. (**carro** é que sofre a ação de ser consertado; neste caso 'se' é partícula apassivadora).*

- Caso difícil: Como sabemos se estamos diante de um **sujeito indeterminado pela partícula *se*** ou se estamos diante de um **sujeito paciente com partícula apassivadora?**

Simples, observe as orações abaixo:

> *– Vive-se bem na América.*

> *– Aluga-se imóvel.*

Embora pareçam idênticas, a primeira possui sujeito indeterminado e a segunda possui sujeito determinado e paciente.

– Apenas a segunda oração pode ser transformada em voz passiva analítica:

> *Imóvel é alugado (não dá para falar Na America é bem vivido.).*

– Como o verbo concorda em número e pessoa com o Sujeito, se colocarmos o sujeito da segunda oração no plural, o verbo deve flexionar também, o que não ocorre na primeira oração, uma vez que o sujeito é indeterminado.

> *ImóvEIS SÃO alugados. (na primeira oração Vive-se bem nAS AméricAS, como o termo em destaque não é sujeito, não há flexão do verbo).*

f) Oração sem sujeito – e aquela que não possui sujeito a que o verbo se refere, somente podendo assim ser considerada nas seguintes hipóteses:

– verbos que indicam fenômenos da natureza:

Trovejou muito ontem à noite.

Fez mui **calor** esta semana.

! **Cuidado:** Na oração *O dia de hoje foi muito quente*, embora diga sob fenômenos da natureza, o verbo foi não indica fenômeno da natureza e se refere ao sujeito dia.

– verbo **haver** no sentido de existir:

> **Havia** *muitas pessoas naquele evento. (veja que o verbo, neste caso, fica sempre na terceira pessoa do plural = verbo impessoal)*

– verbo **haver** e **fazer** no sentido de tempo decorrido:

> **Faz** *anos que o trem não passa por aqui. (verbo impessoal)*

> **Há** *cinco anos não nos víamos. (verbo impessoal)*

Cuidado: há, a, à

Há sempre indica tempo decorrido.

A pode ser artigo, preposição ou pronome. **(Daqui A pouco)**

À indica fenômeno de crase. **(O jogo será às onze horas)**

– verbos **bastar** e **chegar** seguidos da preposição **de**.

> **Basta de** *reclamações.*

> **Chega de** *lamentos.*

2.1.2) Classificação do Predicado

O predicado classifica-se em:

a) Predicado verbal – o verbo articula transformação de estados, é o **núcleo do predicado** e desenvolve ideia de ação, podendo ser **INTRANSITIVO** ou **TRANSITIVO**.

A1) Toda a ação é desenvolvida através do verbo.

> *A criança* **adormeceu.**

A2) O verbo não consegue, sozinho, significar todas a ação que pretende, daí a necessidade de se valer de um **COMPLEMENTO** para concluir o sentido que pretende transmitir. Classifica-se, por sua vez, em **VERBO TRANSITIVO DIRETO (VTD)** e **VERBO TRANSITIVO INDIRETO (VTI)**.

A2.1) VERBO TRANSITIVO DIRETO – a relação entre o verbo e o complemento se dá **sem** o uso de **preposição**.

Os cidadãos **elegeram** <u>o prefeito de São Paulo</u>. (o termo sublinhado chamamos de Objeto Direto, que será tratado no tópico 'Termos Integrantes da Oração')

A2.2) VERBO TRANSITIVO INDIRETO – a relação entre o verbo e o complemento se dá **com** o uso de **preposição**.

Os cidadãos **necessitam** <u>de mais hospitais</u>. (o termo sublinhado chamamos de Objeto Indireto, que será tratado no tópico 'Termos Integrantes da Oração')

A2.3) VERBO TRANSITIVO DIRETO E INDIRETO – há verbos que precisam de dois complementos para significação completa. Um deles SEMPRE será OD e o outro OI nestes casos.

> *Pagaram* **os salários (OD) aos funcionários (OI).**

b) Predicado Nominal – neste caso, a oração trabalha com a noção de estado, qualidade, sendo justamente o termo que indica o estado ou qualidade o **núcleo do predicado (= predicativo do sujeito)**. Nestes casos, o verbo é denominado **de ligação** ou **copulativo**, uma vez que sua função é apenas relacionar o sujeito com este estado ou qualidade.

> *O paciente* **está** <u>*agitado*</u>. *(o verbo 'está' é verbo de ligação e 'agitado' é predicativo do sujeito)*

Obs: algumas gramáticas oferecem um inventário de verbos que *geralmente* **funcionam como verbo de ligação: ser, estar, parecer, ficar, andar, etc., no entanto, é melhor identificar a função de verbo de ligação pelo sentido da oração.**

c) Predicado verbo-nominal – Neste caso, temos um verbo que indica *ação* e também um predicativo, que pode ser do sujeito (dá qualidade ao sujeito) ou do objeto (dá qualidade ao objeto). Assim, nesses casos, o predicado tem dois núcleos:

> *Os peregrinos <u>caminhavam</u> cansados. (<u>caminhavam</u> é verbo intransitivo, que indica ação, e cansados é* **predicativo do sujeito***, dá qualidade aos peregrinos)*

Os candidatos <u>acharam</u> a prova complicada. (<u>acharam</u> é verbo transitivo direto e complicada dá qualidade ao objeto direto prova, por isso o chamamos de **predicativo do objeto**)

2.2) **Termos integrantes da oração** – possuem a função de completar o sentido de um substantivo ou de um verbo. Classificam-se em:

a) Objeto direto – complementa o sentido de um verbo transitivo direto (VTD). Lembre-se: neste caso **não há preposição entre o verbo e o complemento**.

Os exilados <u>pediram</u> **abrigo político**. (<u>Pediram</u> é VTD, **abrigo político** é **OD**)

b) Objeto Indireto – complementa o sentido de um verbo transitivo indireto (VTI). Lembre-se: neste caso **há preposição entre o verbo e o complemento**.

Os torcedores <u>assistiram</u> **ao jogo da equipe de futebol**. (<u>assistiram</u> é VTI, **ao jogo da equipe de futebol** é OI, com a preposição em destaque)

! Obs.: Ainda podemos falar em:

c) **Objeto direto pleonástico/objeto indireto pleonástico** – repete-se o OD/OI para enfatizar a ideia por ele transmitida. É fácil percebê-lo, pois fica no início da frase e a repetição se dá por meio de pronome oblíquo (que é o OD pleonástico)

O réu, o júri não o condenou.

A mim, este assunto não me interessa.

d) **Objeto direto preposicionado** – O verbo é VTD, mas o OD apresenta preposição, apenas para evitar ambiguidades ou dar ênfase à expressão:

> *Não precisa de fazer isso.*

> *Acusou ao vereador o promotor de justiça.*

e) Complemento nominal – Completa o sentido de um nome, sempre se apresentando com preposição.

> *Foram duras as <u>críticas</u> **ao professor**. (ao professor é complemento nominal)*

Para se identificar um complemento nominal, valem as seguintes dicas:

– quando complementa um substantivo, este é sempre abstrato;

– O substantivo que exige complemento geralmente deriva de um verbo (*deverbal*).

– a ação descrita pelo substantivo recai sobre o complemento.

No nosso caso: CRÍTICA é substantivo abstrato; deriva de um verbo (criticar) e a ação de criticar recai sobre o complemento (a crítica é feita *ao professor*).

f) Agente da passiva – é o termo que pratica a ação expressa pelo verbo na *voz passiva analítica,* sendo sempre acompanhado geralmente pela preposição ***por***:

> *O fugitivo foi capturado **pela polícia**.*

! **OBS.: Quando passamos a frase para a voz ativa, o agente da passiva torna-se sujeito e o sujeito paciente torna-se objeto direto, veja:**

> **A polícia** *capturou* **o fugitivo**.

2.3) Termos acessórios da oração – São aqueles termos que preenchem certa função sintática, mas sem os quais a estrutura essencial da oração permanece intacta. Geralmente, emprestam uma informação a um substantivo ou a um verbo. Classificam-se em:

a) **Adjunto adnominal** – é o termo que se relaciona com um substantivo, delimitando seu sentido e alcance. É representado, morfologicamente, por um *artigo, pronome adjetivo, numeral, adjetivo, locução adjetiva*:

> **Este** *departamento representa* **os** *anseios* **dos três** *Poderes* **da nossa gloriosa nação**.

Observe que os termos em destaque podem ser retirados da oração, sem que haja prejuízo em sua estrutura, apenas no seu sentido:

Departamento representa anseios.

(SUJEITO) (VERBO) (COMPLEMENTO)

Neste caso, ainda há os elementos essenciais que permitem a existência de uma oração. Vale notar, também, que um mesmo núcleo (do sujeito, do predicado, etc, pode vir acompanhado de diversos adjuntos adnominais).

b) **Adjunto adverbial** – é termo acessório que se relaciona com um *verbo* geralmente, mas também com *um adjetivo* ou um *advérbio*. É representado por um *advérbio* ou *locução adverbial*.

> *Ele* **nunca** *falou mal de você.*

> *Devemos agir* **com cautela** *nestes casos.*

> **Em 15 de janeiro de 2012,** *nasceu o filho daquele rapaz.*

c) **Aposto** – é o termo acessório que explica, discrimina ou identifica outro termo da oração, geralmente introduzido entre vírgulas, travessões ou após dois pontos:

> *Ronaldo, o fenômeno, foi um dos maiores ídolos do Brasil.*

> *Conheço apenas dois pintores: Monet e Van Gogh.*

2.4) Termo independente da oração – é aquele que não se relaciona sintaticamente com nenhum termo presente na oração, com a finalidade de chamar ou interpelar alguém.

> **Meu amigo**, *você pode me passar o sal?*

3) Temas correlatos a análise sintática – Concordância e Regência.

Conforme dissemos, a frase é um todo de sentido *organizado* e *harmônico*. Da noção de organização depreende-se o tema regência verbal e nominal e da noção de harmonia depreende-se o tema concordância verbal e nominal.

Considerando os limites desta obra, propomos uma visão geral sobre tais temas, oferecendo dicas que facilitam a compreensão da regra geral, para, a seguir, enumerar apenas os casos excepcionais, que, por sinal, são aqueles geralmente cobrados em Provas e Concursos Públicos.

3.1) Concordância Verbal – Quando tratamos do tema ORAÇÃO, dissemos que o **verbo** governo tudo o que ocorre dentro dos limites oracionais. Pois, chamamos de concordância verbal a flexão do verbo para concordar com o sujeito a que se refere. Assim, se o sujeito estiver no singular, o verbo ficará no singular, se o sujeito for para o plural, o verbo vai para o plural; se o sujeito estiver na primeira, segunda ou terceira pessoa, o verbo vai flexionar para esta mesma pessoa.

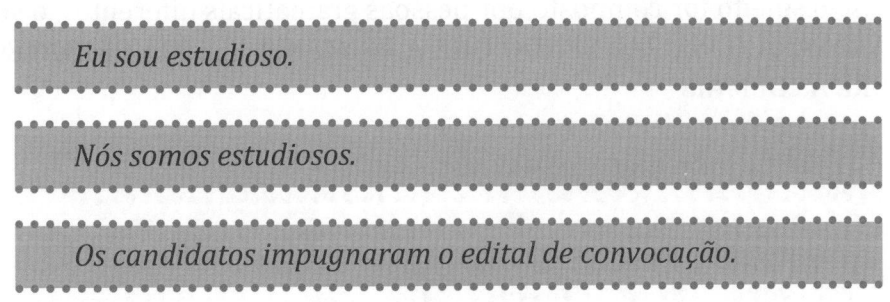

> *Eu sou estudioso.*

> *Nós somos estudiosos.*

> *Os candidatos impugnaram o edital de convocação.*

Aparentemente, não há maiores dificuldades em perceber a articulação e harmonização entre verbo e sujeito, certo? E quando complica? Veja a seguir os casos mais explorados nos concursos públicos:

– oração em que o sujeito possui complemento nominal ou adjunto adnominal, pode dar confusão...

> *O Presidente do Sindicato dos Trabalhadores em Indústria Gráfica da Cidade de São Paulo e Região decidiu encerrar a greve.*

> *A capa dos livros e das revistas estava rabiscada.*

Não tem como errar, basta SEMPRE começar a análise sintática buscando o VERBO e o SUBSTANTIVO que representa o núcleo do sujeito e ver se há harmonia de número e pessoa entre eles; ignore os adjuntos e complementos nominais nestes casos.

– verbo concordando com sujeito composto:

...se o sujeito vem *antes* do verbo, este vai OBRIGATORIAMENTE PARA O PLURAL.

> *O* **autor** *e o* **réu CELEBRARAM** *acordo.*

...se o sujeito vem *depois* do verbo, este pode CONCORDAR COM O MAIS PRÓXIMO OU IR PARA O PLURAL

> **DESERTARAM** *o* **capitão** *e o* **sargento.**

> **DESERTOU** *o* **capitão** *e o* **sargento.**

...se o sujeito for composto por pessoas gramaticais diferentes, o verbo VAI PARA O PLURAL SENDO QUE A PRIMEIRA PESSOA PREVALECE SOBRE AS DEMAIS

> **Eu, tu e ele mereceMOS** *respeito.*

> **Tu e ele SOIS/SÃO** *excelentes funcionários.*

...se o sujeito for composto ligado pela conjunção OU, SE UM TERMO NÃO EXCLUIR O OUTRO, VAI PARA O PLURAL; SE HOUVER EXCLUSÃO, FICA NO SINGULAR

> *Álgebra ou geometria* **COMPLICAM** *minha cabeça.*

> *Ele ou você **SERÁ** representante de classe.*

...e quando tem porcentagem?

Vai para o plural se o DETERMINANTE estiver no PLURAL:

> **Os 4%** *da população* **SÃO** *os mais ricos.*

Se o verbo vier ANTES do NUMERAL, concorda com este

> **Preencheram aproximadamente 45%** *das vagas destinadas a deficientes.*

❗ **Vale lembrar a dica:** Não confunda SUJEITO INDETERMINADO POR ÍNDICE DE INDETERMINAÇÃO DO SUJEITO COM VOZ PASSIVA SINTÉTICA. NO PRIMEIRO CASO, O VERBO SEMPRE FICA NA 3ª PESSOA DO SINGULAR.

> **Esquivou**–*se do tiro e da facada (sujeito indeterminado, verbo no singular)*

> **Consertam**–*se carros e motocicletas (partícula apassivadora = Carros e motocicletas* **SÃO CONSERTADOS**.

Lembrem-se também dos verbos impessoais: HAVER NO SENTIDO DE EXISTIR E HAVER/FAZER NO SENTIDO DE TEMPO DECORRIDO, FICAM SEMPRE NA 3ª PESSOA DO SINGULAR.

> **Faz** *três dias que estamos viajando.*

> **Havia** *muitas conquistas adiante.*

Cuidado: o verbo existir flexiona normalmente:

> **Existiam** *vizinhos desagradáveis.*

Quando o verbo HAVER for AUXILIAR, flexiona normalmente:

> *Eles* **haviam requerido** *a procedência do pedido.*

3.2) Concordância Nominal – Conforme vimos, o núcleo do sujeito, o núcleo do objeto são sempre SUBSTANTIVOS. Insistindo na ideia de harmonia, os TERMOS ACESSÓRIOS da oração vão concordar com o sujeito a que se referem em número e gênero, sempre que puderem flexionar.

> *Aquela*s **casas** *reformada*s *pertencem ao*s *nosso*s **pais**.

(a + os)

E quando complica?

...dois substantivos no singular e masculinos + adjetivo (adjunto adnominal) = pode ficar no singular ou ir para o plural

> *O policial e o* **soldado compenetrado**.

> *O* **policial** *e o* **soldado compenetrados**.

...dois substantivos no singular de gêneros diferentes + adjetivo = concorda com o mais próximo ou vai para o masculino plural.

> *Ele cuidava do idoso e da* **criança cansada.**

> *Ele cuidava do* **idoso** *e da* **criança cansados.**

...agora, se o adjetivo estiver ANTES dos substantivos SEMPRE concorda com o mais próximo:

> *Foram COMPLICADOS os argumentos e ilações da defesa.*

> *Foram COMPLICADAS as ilações e os argumentos da defesa.*

...quando o adjetivo cumprir a função de PREDICATIVO DO SUJEITO SEMPRE concorda com todos os núcleos do sujeito:

> *O* **candidato** *e o* **arguidor** *estavam* **NERVOSOS**.

! Outras dicas:

– se você souber diferenciar ADJETIVO de ADVÉRBIO, tende a não errar questões de concordância nominal. Isto porque saberá que, se for ADJETIVO FLEXIONA para se ajustar ao SUBSTANTIVO; se for ADVÉRBIO, este NUNCA FLEXIONA:

> *Os* **documentos** **anexos** *foram rejeitados.*

> *Essa professora reprovou* **menos** *alunas do que seus colegas.*

– tem horas em que essa diferença não é tão óbvia assim. Veja o caso da palavra BASTANTE, que pode ser tanto adjetivo quanto advérbio.

> *Eles estavam* **BASTANTE** *preocupados com a crise.*

> *Havia* **BASTANTES** *pessoas presentes.*

Nestes casos, substitua BASTANTE por MUITO; se MUITO flexionar, flexione o BASTANTE, se não, deixe sem flexionar.

> *Eles estavam* **MUITO** *preocupados com a crise. (=* **BASTANTE***)*

> *Havia* **MUITAS** *pessoas presentes. (=* **BASTANTES***)*

3.3) Regência Verbal – Trata do modo como o verbo estabelece relações com seus complementos, ou seja, com preposição, sem preposição. Geralmente, não há dificuldades na regência da maioria dos verbos.

! **Apresentamos, a seguir, alguns que apresentam peculiaridades, haja vista a diferença entre a Língua Culta (LC) e o Uso Popular (UP):**

- Chegar/ir, são VI e se relacionam com o adjunto adverbial COM PREPOSIÇÃO **A**

    LC: "Eu ontem cheguei a casa"

    UP: "Eu ontem cheguei **em** casa"

- Implicar, no sentido de acarretar é VTD, NÃO TEM PREPOSIÇÃO.

    LC: "A falta de serviço implicou a sua demissão."

    UP: "A falta de serviço implicou **na** sua demissão."

- Obedecer/desobedecer são VTI, regido o complemento pela PREPOSIÇÃO **A**

    NC: "Não obedeço **a**o semáforo à noite."

    UP: "Não obedeço o semáforo à noite."

- Simpatizar é VTI, nada de colocar ME:

    NC: "Não simpatizo com a idéia." (VTI)

    UP: "Não **me** simpatizo com a idéia." (verbo pronominal)

- Preferir é VTDI, no sentido de decidir entre uma coisa e outra, com PREPOSIÇÃO **A** é VTI, nada de colocar ME:

    NC: "Prefiro cerveja a vinho."

    UP: "Prefiro **mais** cerveja **do que** vinho."

- Assistir tem vários significados e regências diversas:

    Assitimos **AO** filme. (VTI, no sentido de ver algo)

    O advogado assistiu **O** cliente (VTD, no sentido de auxiliar)

    Este direito não assiste **AO** juiz (VTI, no sentido de dizer respeito a)

    Ele assiste em Genebra (VI no sentido de residir, forma arcaica)

▶ O verbo aspirar também muda de sentido conforme muda a regência:

- Aspiramos um ar puro em Jundiaí. (VTD, sentido de sorver o ar)
- Os candidatos aspiram **AO** cargo de escrevente judiciário. (VTI, no sentido de almejar)

3.4) Crase – Crase é a fusão de duas vogais da mesma natureza. No Português atual, assinalamos com um acento grave (`) a crase do A.

A crase pode ser fusão:

– da preposição A + o artigo feminino A–AS.

> EXEMPLO: PERGUNTE À PROFESSORA.

– da preposição A + o A de a qual

> EXEMPLO: ENCONTREI A OBRA À QUAL VOCÊ SE REFERIA

– da preposição A + A pronome demonstrativo (aquela, aquelas, aquele, aqueles, aquilo)

> EXEMPLO: A SUA CASA É PARECIDA À DE SUA MÃE.

Crase e regência verbal

Quando a crase é a fusão da preposição A com o artigo definido feminino A–AS, é importante o conhecimento da regência verbal para saber se há necessidade do uso da crase, uma vez que a crase ocorrerá sempre que o termo regente (verbo) exigir a preposição A e o termo regido (complemento) aceitar o artigo feminino A–AS.

EXEMPLO: DIRIGIU-SE À DEFENSORIA PÚBLICA.

Uma dica básica para se descobrir se há crase é trocar o termos feminino pelo masculino e verificar se ocorre AO pois, nesse caso, certamente há crase no feminino, uma vez que fica comprovada a fusão entre preposição e artigo.

EXEMPLO: DIRIGIU-SE AO MINISTÉRIO PÚBLICO

b) Quando a crase deve ser usada
- em locuções adverbais, tais como à tarde, à noite, à toa, às pressas;
- em locuções prepositivas: à guisa de, à custa de;
- em locuções conjuntivas: à medida que, à proporção que;
- antes de aquele (s), aquela (s), aquilo, quando o verbo exigir a preposição A;
- diante de palavras em que está subentendida a expressão à moda de;
- diante de nome e lugares que admitem artigo;
- diante de numerais, quando indicam horas.

c) Quando a crase não deve ser usada
- diante de verbos, em qualquer hipótese;
- diante de palavras masculinas, exceto se estiver subentendida a expressão à moda de;
- diante de artigo indefinido, mesmo que feminino;
- diante de pronomes que repelem artigo (exceções para senhora, senhorita, dona, mesma e qual) – VOSSA EXCELÊNCIA
- diante de casa, no sentido de residência própria;
- diante de terra, quando é oposto de "alto-mar";
- em locuções formadas por palavras repetidas.

d) Quando a crase é facultativa
- diante de pronomes possessivos femininos no singular;
- diante de substantivos próprios femininos;
- depois da preposição até.

4) Período Composto – É a frase desenvolvida por meio de duas orações ou mais. Podem ser classificadas em:

4.1) Orações coordenadas – são aquelas que possuem independência sintática e cujos sentidos são coordenados por meio de conjunções. Dividem-se em:

4.1.1) Orações coordenadas assindéticas – Neste caso, o ele entre as orações é feita apenas pelo sentido, sem conjunções, devendo ser separadas por vírgulas.

> **Saiu** *de casa,* **colocou** *gasolina no carro,* **foi** *trabalhar.*

4.1.2) Oração coordenadas sindéticas – São aquelas que, além de se ligarem pelo sentido, possuem também entre elas uma conjunção coordenativa. É justamente pelo sentido da coordenação que as orações são classificadas em:

4.1.2.1) Oração coordenada sindética aditiva – Transmitem a ideia de **soma, adição** de pensamentos, geralmente iniciadas pelas conjunções: **e, nem, nãosó/mas também, etc.**

> *Desceu do ônibus* **e** *escorregou na calçada.*

> *Ele não foi trabalhar* **nem** *estudou naquele dia.*

4.1.2.2) Oração coordenada sindética adversativa – Transmitem a ideia de **oposição, contrariedade** de pensamentos, geralmente iniciadas pelas conjunções: **mas, entretanto, no entanto, não obstante.**

> *Preparou-se para a prova,* **mas** *ficou doente no dia do exame.*

> *Esperava por uma resposta,* **no entanto** *já se preparou para o pior.*

4.1.2.3) Oração coordenada sindética alternativa – Transmitem a ideia de **escolha, opção entre duas hipóteses** expressas nas orações, geralmente iniciadas pelas conjunções **ou, ou/ou, ora/ora**, etc.

> **Ora** *chove,* **ora** *faz sol.*

> *Melhor você se apressar,* **ou** *vai perder o ônibus.*

4.1.2.4) Oração coordenada sindética conclusiva – Transmitem a ideia de **conclusão, inferência** de um raciocínio, geralmente iniciadas pelas conjunções **portanto, logo, isto posto, por isso**.

> *O agente subtraiu coisa alheia móvel,* **portanto** *cometeu crime de furto.*

> *Não se preparou a contento,* **logo** *foi mal na prova.*

4.1.2.5) Oração coordenada sindética explicativa – Transmitem a ideia de **justificação da sentença anterior**, geralmente iniciadas pelas conjunções **porque, pois, que, porquanto,** etc.

> *Ele não está passando bem,* **porque** *está com muita febre.*

> *Eles estão atrasados,* **pois** *está muito trânsito.*

4.2) Orações subordinadas – Possuem entre elas **dependência sintática**, além da relação de sentido que estabelecem entre si. São sempre constituídas por uma oração principal e uma oração subordinada, que se ligam por meio de uma conjunção integrante, ou pronome relativo ou conjunção subordinativa.

! Dica: As orações subordinadas preenchem a função que um substantivo, um adjetivo, ou um advérbio ocuparia em uma oração absoluta. Veja:

> *Eu quero mais* **comprometimento**. *(substantivo)*

> *Eu quero* **que você se comprometa mais.** *(oração subordinada substantiva)*

> *O motorista* **do ônibus** *atropelou o pedestre* **desatento**. *(adjetivos)*

> *O motorista* **que dirigia o ônibus** *atropelou o pedestre* **que caminhava desatento**. *(oração subordinada adjetiva)*

> *Ele saiu* **de carro**. *(locução adverbial)*

> *Ele saiu* **dirigindo um carro**. *(oração subordinada adverbial)*

Conforme a função sintática que exercem, classificam-se em:

4.2.1) Oração subordinada substantiva – Ocupa a função que um substantivo ocuparia em uma oração absoluta e são **sempre** introduzidas por uma **conjunção integrante**. Classificam-se em:

4.2.1.1) Oração subordina substantiva subjetiva – **ocupam a função de sujeito** em relação à oração principal.

> *Espera-se* **que você cumpra com sua parte**.

> *É necessário* **que se aguarde o farol verde**.

4.2.1.2) Oração subordinada substantiva objetiva direta – **ocupam a função de objeto direto** em relação à oração principal.

> *O juiz ordenou* **que se ouvisse a testemunha**.

4.2.1.3) Oração subordinada substantiva objetiva indireta – **ocupam a função de objeto indireto** em relação à oração principal.

> *A avaliação dependem* **de que você exare seu parecer**.

4.2.1.4) Oração subordinada substantiva completiva nominal – **ocupa a função de complemento nominal** em relação à oração principal.

> *Não concordaram com as críticas* **que fizeram ao prefeito da cidade**.

4.2.1.5) Oração subordinada substantiva predicativa – **ocupa a função de predicativo do sujeito** em relação à oração principal. Atente-se que sempre vem após **verbo de ligação**.

> *O que mais me espanta é* **que não reconhecessem seu valor**.

4.2.1.6) Oração subordinada substantiva apositiva – **ocupa a função de aposto** em relação à oração principal. Geralmente vem marcada por **dois pontos** antes de sua colocação na frase.

> *Só espero uma coisa:* **que se esforce mais**.

4.2.2) Oração subordinada adjetiva – ocupa a função sintática que um **adjetivo** ocuparia em uma oração absoluta. São **sempre** introduzidas por um **pronome relativo**. Classificam-se em:

4.2.2.1) Oração subordinada adjetiva restritiva – como o próprio nome sugere, **restringe** o alcance de um substantivo. É introduzida na oração **sem colocação de vírgula**.

Os alunos **que se prepararam adequadamente** não têm o que temer.

4.2.2.2) Oração subordinada adjetiva explicativa – como o próprio nome sugere, **explica** o sentido de um substantivo. É introduzida na oração **com a colocação de vírgula**.

> *Meu irmão*, **que me ajuda sempre**, *é meu amigo.*

4.2.3) Oração subordinada adverbial – ocupam o lugar que um **advérbio** ocuparia em uma oração absoluta. São introduzidas por meio de uma conjunção subordinativa e, conforme o caso, por vírgula. Classificam-se em:

4.2.3.1) Oração subordinada adverbial causal – expressam **uma causa, motivo**. São introduzidas, entre outras, pelas conjunções **porque, visto que, na medida em que**.

> *Ele não se preocupou* **na medida em que** *tinha tudo sob controle.*

4.2.3.2) Oração subordinada adverbial concessiva – expressa uma **execeção** ao enunciado na oração principal. São introduzidas, entre outras, pelas conjunções **embora, ainda que, em que pese**.

> *Ele não obteve êxito na demanda,* **ainda que** *tenha se esmerado.*

4.2.3.3) Oração subordinada adverbial condicional – expressa uma **condição**, para que se opere o sentido da oração principal. São introduzidas, entre outras, pelas conjunções **salvo se, a menos que, exceto se**.

> *Este caso não tem solução,* **salvo se** *novas provas surgirem.*

4.2.3.4) Oração subordinada adverbial comparativa – expressa uma **comparação** em relação ao que é expresso na oração principal. São introduzidas, entre outras, pelas conjunções **do que, tal/qual, tanto/quanto**.

> *São Paulo é mais poluída* **do que** *o Rio de Janeiro (é).*

4.2.3.5) Oração subordinada adverbial conformativa – expressa uma **conformidade** em relação à oração principal. São introduzidas, entre outras, pelas conjunções **conforme, consoante, segundo.**

> *O pedido é procedente,* **conforme as provas que foram amealhadas**.

4.2.3.6) Oração subordinada adverbial consecutiva – expressa uma consequência em relação à oração principal. São introduzidas, geralmente, pelas conjunções **que, tão que, tanto que.**

> *Sofreu tanto* **que começou a chorar**.

4.2.3.7) Oração subordinada adverbial final – expressa uma **finalidade** em relação à oração principal. São introduzidas, entre outras, pelas conjunções **porque, que, a fim de**.

> *Ele não mediu esforços* **a fim de que o projeto vingasse**.

4.2.3.8) Oração subordinada adverbial proporcional – expressa uma **proporcionalidade** em relação à oração principal. São introduzidas, geralmente, pelas conjunções **à medida que, à proporção que**.

> *Os alunos estudavam* **à medida que o professor indicava as páginas para leitura**.

4.2.3.9) Oração subordinada adverbial temporal – expressa uma **marcação temporal** em relação à oração principal. São introduzidas, geralmente, pelas conjunções **enquanto, quando, mal, logo que**.

> *Nós nos contentaremos* **quando tudo for explicado a contento**.

4.2.4) <u>Orações reduzidas</u> – São orações subordinadas expressas por meio de um verbo em uma das formas nominais (**infinitivo, gerúndio e particípio**). Não se relacionam com a oração principal por meio de conjunção e sempre podem ser transformadas em orações desenvolvidas. Classificam-se em:

4.2.4.1) Oração reduzida de infinitivo – a conjunção é substituída por um verbo no infinitivo. É admitida para as orações substantivas e adverbiais, não para as adjetivas.

> *É necessário* **preparar-se**. *(= que se prepare)*

> *Sentir-se-á melhor* **ao estudar a matéria**. *(quando estudar a matéria)*

4.2.4.2) Oração reduzida de gerúndio – a conjunção é substituída por um verbo no particípio. É admitida para as orações adverbiais e adjetivas, não para as substantivas.

> *Observei os atletas **praticando nado sincronizado**. (= que praticavam nado sincronizado)*

> *O juiz deferirá o pedido **estando o pedido em ordem**. (= se o pedido estiver em ordem)*

4.2.4.3) Oração reduzida de particípio – a conjunção é substituída por um verbo no particípio. É admitida para as orações adverbiais e adjetivas, mas não as substantivas.

> ***Concluída a ação**, as partes se retiraram. (= por foi concluída a ação)*

> *A jovem **esquecida** não se preocupou com isso. (= que foi esquecida)*

19. Pontuação

5) Em provas de concursos públicos a pontuação é sempre explorada, uma vez a sua utilização correta mantém a coesão e coerência textual (tema que retomaremos em interpretação de texto), ao passo que a sua supressão, ou utilização inadequada, compromete o sentido do texto.

Alguns dizem que a utilização dos sinais de pontuação é de opção do enunciador do texto, uma questão de estilo. No entanto, esta afirmação é muito arriscada, ainda mais quando não vem acompanhada da explicação do que vem a ser estilo nos textos.

O estilo, enfim, vai determinar qual opção o enunciador toma, dentre as possibilidades que tem, por exemplo:

– de organizar os termos da oração de modo linear, ou, por exemplo, deslocar um dos termos da oração para o início da oração;

– se o enunciador prefere iniciar a frase com a colocação da oração subordinada, ao invés de se valer da ordem oração principal/oração subordinada;

– predileção do enunciador por utilizar frases intercaladas, explicativas; a utilização de períodos mais extensos ao invés de períodos curtos;

– expressar emoção, curiosidade, surpresa, ou ainda fazer referência a discursos alheios, e assim por diante.

Agora, feita a opção, as regras gramaticais é que determinarão a utilização (ou não) dos sinais de pontuação. Vamos a eles.

5.1) Vírgula – este é o sinal de pontuação mais difícil de ser utilizada e, por este motivo, torna-se o mais explorado em provas de concursos públicos. Mas algumas dicas e regras – que retomam nossas lições anteriores de sintaxe – podem ajudar o candidato a otimizar seus acertos, observe:

5.1.1) quando deve ser utilizada – a vírgula indica uma pausa breve, podendo ser utilizada dentro de uma oração, ou para estabelecer relação entre duas orações.

! **Devemos ficar atentos para o seguinte:**

5.1.1.1) Utilização de vírgulas **dentro de uma oração**:

a) O aposto explicativo vem isolado por vírgulas:

> *O Brasil,* **nosso país,** *é o mais rico da América Latina.*

b) O vocativo também vem separado por vírgulas da oração à qual se relaciona:

> *Vai uma água de coco,* **meu rei.**

c) Quando o adjunto adverbial é deslocado para o início da oração, deve vir separado por vírgula:

> **Aos dois de março de 2012,** *os candidatos rumaram para o local do concurso.*

d) Quando se utilização complemento verbal pleonástico:

> **Quanto a mim,** *aceitem-me como amigo, como associado.*
> *(Dostoiévski)*

e) Quando há **enumeração de termos**, tais como vários núcleos do sujeito, adjuntos adnominais ou do objeto:

> **João Carlos, brasileiro, casado, engenheiro, residente e domiciliado na Rua Altino Arantes(...)** – *veja que, antes do último termo da enumeração, utiliza-se a conjunção aditiva* **E**; *neste caso, a vírgula sempre deve ser suprimida.*

f) Quando há elipse (= supressão de um verbo subentendido na frase):

> *Os marinheiros, em greve. (= Os marinheiros* **estavam** *em greve)*

g) Quando há expressões explicativas, corretivas ou continuativas, tais como por exemplo, ou melhor, ou seja, inclusive, etc.

> *Eles poderiam tentar,* **inclusive**, *abrir mão desses artifícios.*

! **Obs.:** utiliza-se vírgula para separar topônimos (nomes de lugar) seguidos de data:

> *São Paulo, 15 de agosto de 2002.*

5.1.1.2) Utilização de vírgulas entre orações:

a) Entre orações coordenadas assindéticas sempre há vírgula:

Separava os guardanapos, arrumava a mesa, lustrava os talheres.

b) Entre orações coordenadas sindéticas GERALMENTE há vírgula:

> *Estava mais confuso que antes*, **porém** *desta vez o seu estado de confusão não me alegrou*, **mas assustou-me**. *(Lev Tolstói)*

Exceções: orações sindéticas aditivas (conjunções E, NEM), em regra, não são separadas por vírgulas, exceto quando:

– os sujeitos são diferentes: No caso abaixo, o sujeito da primeira oração é desinencial (ele) e o da segunda oração 'eu':

> **Falou** *comigo como um pai ou um tio*, **eu senti** *que ele continuamente se controlava, para ficar no meu nível. (Lev Tolstói)*

– quando o E não tem valor aditivo, mas, por exemplo, adversativo: no caso abaixo, a ideia é de oposição de pensamentos, o que subentende a utilização de conjunção adversativa:

> *Ouviu o que não queria*, **E** *não se importou. (= ouviu o que não queria*, **MAS** *não se importou)*

c) Entre oração principal e oração subordinada adjetiva explicativa.

> *Os candidatos*, **que se preparavam com afinco**, *acreditavam no sucesso.*

! **Cuidado:** Não há vírgula separando oração principal de oração subordinada adjetiva restritiva, sendo este, justamente, critério de diferenciação entre a adjetiva explicativa e restritiva.

d) Para separar orações subordinadas adverbiais, sendo obrigatório seu uso quando vêm antes da oração principal ou intercaladas:

> **Quando ia me manifestar a respeito do tema proposto para o banquete**, *Maria Clara voltou a ser quase minha.*

No caso em tela, como dissemos, não de deve aplicar a analogia. (Antonio Vicente Seraphim Pietroforte)

> **! Cuidado: Não se usa vírgula para separar oração principal de oração subordinada substantiva!**

> *O garoto estava em plena consciência/de que havia sido transferido de uma vida à outra. (Del Candeias)*

5.2) ponto-e-vírgula – utilizada para marcar uma pausa maior do que a vírgula, geralmente para separar orações de um período longo, em cujo interior já haja vírgula:

Por outro lado, abstraindo-se da utilidade das coisas e das suas propriedades físico-químicas, nada resta que possa ser o "valor comutativo", a não ser esta qualidade: serem "produto do trabalho humano"; e note-se que não é deste ou daquele trabalho concreto, como seria o caso do trabalho do tecelão ou do sapateiro, mas do trabalho humano na sua generalidade.

Também é fartamente utilizado entre termos de uma enumeração:

Art. 1.410. O usufruto extingue-se, cancelando-se o registro no Cartório de Registro de Imóveis:

I – pela renúncia ou morte do usufrutuário;

II – pelo termo de sua duração;

III – pela extinção da pessoa jurídica, em favor de quem o usufruto foi constituído, ou, se ela perdurar, pelo decurso de trinta anos da data em que se começou a exercer; (...)

5.3) dois-pontos – utilizada para assinalar uma pausa para, a seguir, introduzir uma conclusão. Isto pode ocorrer: para indicar uma **citação,** uma **enumeração**, a **delegação de voz** no discurso direto. Veja um exemplo a seguir:

> *Elle chegou-se:*
>
> *– Tudo bem?*
>
> *O outro sorriu conivente, com vontade de rir. Elle não se emputeceu:*
>
> *– Eu vim atrás de você porque não tá certo a gente ser assim...*

203

5.4) **Travessão, reticências, aspas** – em diversos exemplos acima vimos a utilização desses termos, que não oferecem maiores dificuldades para os candidatos de provas e concursos públicos.

❗ Valem, no entanto, as seguintes dicas:

– o travessão pode substituir vírgula e parênteses, com o fito de dar destaque ao termo que fica entre os travessões:

Essa nova classe – a burocracia, ou mais exatamente, a burocracia política – tem todas as características das anteriores, acrescidas de algumas outras novas e próprias. (Benedicto Motta)

– quando já figuram aspas em uma citação, no seu interior usa-se aspas simples.

– aspas também servem para dar destaque a uma palavra no interior de um texto, ou para indicar palavra de língua estrangeira, ou ainda gírias.

5.5) **Parênteses e colchetes** – eis outros sinais de pontuação com os quais o candidato não se precisa se preocupar muito, bastando lembrar que os parênteses geralmente separam um comentário que pode ser excluído do texto sem perda do sentido central; já o colchetes acompanham a expressão [*sic*], que marca que eventual erro em citação não é de responsabilidade do enunciador do texto.

5.6) **Ponto de interrogação e ponto de exclamação** – estes também são fáceis e estão, via de regra, ao final da frase, a fim de marcar determinado estado de alma; no caso da interrogação, expressa dúvida, indignação, ironia; no caso da exclamação, expressa surpresa, entusiasmo, súplica, etc.